PAR DELA

LA MANCHE

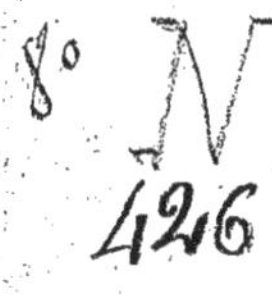

CHATEAUROUX. — TYP. ET STÉRÉOTYP. A. MAJESTÉ.

JEAN LAROCQUE

PAR DELA
LA MANCHE

Illustrations de P. KALLMORGER

PARIS
LIBRAIRIE CHARLES DELAGRAVE
15, RUE SOUFFLOT, 15

1892

PAR DELA
LA MANCHE

I

COUP D'ŒIL GÉNÉRAL

Ce qui frappe avant tout en Angleterre, c'est que la campagne y diffère moins de la ville que dans notre pays et probablement que dans tous les pays où ne s'est pas établi le peuple anglais.

Les villes, avec leurs parcs, leurs squares, leurs jardins, leurs faubourgs, leurs arbustes toujours verts et les fleurs qui en égayent toutes les habitations, surtout avec leurs petites maisons à deux étages où chaque famille est chez soi, et leurs voies aisées de communication qui permettent à la classe bourgeoise de projeter sa vie intime au dehors, tout en groupant à l'intérieur les divers éléments de sa vie active, jouissent de presque tous les avantages que nous ne trouvons d'ordinaire qu'à la campagne.

Et par contre, la répartition de l'aristocratie, de la richesse, de l'activité, de l'intelligence sur tous les points du territoire; le va-et-vient perpétuel de tout ce qui donne le ton aux mœurs publiques; la diffusion de l'instruction, la dépense que font les familles aisées en journaux et en nouveautés littéraires; la lecture universelle des grands organes de la presse de Londres et la familiarité des questions générales qui y sont traitées chaque jour; la pénétration rapide des progrès industriels, des nouveaux engins, des nouvelles modes jusque dans les moindres bourgs; la merveilleuse organisation de la librairie et des autres commerces, qui met non seulement tous les débitants, mais encore la plupart des familles, en rapport direct et pour ainsi dire instantané avec les maisons de production; la communauté d'usages publics et privés, la connaissance et l'exercice constant des droits de l'homme et du citoyen; les liens créés par ces sociétés innombrables de science, de morale, de religion, de sport, d'industrie, et de cent autres sortes, qui étendent leurs ramifications dans tous les villages; ces causes et bien d'autres que j'oublie apportent à la campagne le confort, le mouvement, la politesse de la ville.

Vous pouvez sortir de la Cité de Londres, ce

centre financier du globe, par les beaux jardins qui la terminent au nord, à deux cents pas de la Bourse et de la Banque, Finsbury Circus et Finsbury Square ; suivre par City Road, Pentonville, Easton, une série de boulevards bordés d'habitations particulières sentant plutôt la campagne que la ville ; puis, traverser Regent's Park, qui malgré son étendue n'est pas le plus vaste de Londres ; contourner les hauteurs nues et désolées de Primrose Hill, et de là, quelque direction que vous suiviez à l'est, à l'ouest ou au nord, vous apercevrez des rangées indéfinies d'élégantes villas dont les groupes, séparés par des potagers et des prairies, vous conduiront de comté en comté, sans que vous sachiez exactement où a fini la ville, où a commencé le village ; et vous pourrez, avec la sécurité la plus parfaite, traverser, soit de nuit, soit de jour, les régions cultivées de l'Angleterre comme un jardin, certain d'avoir partout sous la main, à peu de distance, toutes les habitudes de la ville.

Le véritable Anglais parcourt le monde à la recherche de l'inconnu, de l'inouï, de l'impossible ; on le rencontre, son Guide à la main, sur tous les pics et tous les glaciers, depuis les cratères de l'Islande jusqu'aux sommets neigeux de l'Himalaya et de l'Ararat ; mais, après qu'il a traversé tous les déserts et visité toutes les villes, il revoit avec un nouvel amour, qu'aucune comparaison ne diminue, les brumes légères qui nourrissent la verdeur des collines boisées et amollissent les contours harmonieux des paysages de la contrée natale.

L'Anglais parle peu de lui-même et de ce qui le touche, et il ne manque pas plus en Angleterre qu'ailleurs, d'esprits cosmopolites ou d'amateurs du banal et du convenu, qui n'admirent que ce qui est éloigné, inaccessible, et connu comme tel. Mais à un observateur sans parti pris, le sol de l'Angleterre, avec sa variété infinie, ses ondulations molles, ses arêtes brusques, sa luxuriante végétation, sa flore brillante, ses horizons indécis et flottants, ses parcs splendides, sa puissance de culture, la civilisation qui le traverse de part en part, ses villes pleines d'arbres et de fleurs, ses villages offrant le confort des villes, présente le plus noble des séjours humains.

Une description méthodique et détaillée de cette belle contrée, occuperait plusieurs volumes ; à raison des limites restreintes de celui-ci nous consacrerons seulement quelques pages à Londres, à... vol d'oiseau, bien entendu.

II

LONDRES

La saison de Paris, c'est l'hiver ; la saison de Londres, c'est le printemps. Le mois de mai voit les gloires d'Exeter Hall, où se réunissent les sociétés de tempérance. Le Strand est alors arpenté par des nuées de clergymen de province, qui viennent figurer dans ces représentations de la comédie morale et religieuse.

Ceux qui voient Londres pour la première fois, et se figurent un coup d'œil extraordinaire, éprouvent quelque déception, à moins qu'ils n'y viennent dans une de ces périodes de brouillards jaunes comparés pittoresquement à une purée de pois secs, auquel cas leur imagination est libre de se figurer tout ce qu'il leur plaira.

Londres, c'est l'infini. Si l'on y demeure un

mois ou deux pour le moins, et si l'on ne passe tout ce temps à en visiter les divers quartiers, on n'en peut emporter qu'une idée très imparfaite. Tout au contraire de Paris dont la banlieue est affreuse, c'est dans ses prolongements que Londres présente des aspects aristocratiques, peu différents du reste de ce qu'on a déjà pu voir autour des villes de province. Cependant, à partir de Regent Street, d'Oxford Street, de Piccadilly, les environs de Hyde Park, de Saint James Park et de Green Park offrent des séries de maisons d'une riche et élégante architecture, notamment autour de Grosvenor Place, de Eaton Square et Belgrave Square derrière Buckingham Palace.

Je remarque, dans les maisons particulières, quatre sortes d'architecture dignes d'être mentionnées :

Une architecture épaisse, lourde, massive, déjà ancienne, à laquelle les brumes de Londres ajoutent l'effet d'une rouille noirâtre, et qui me paraît bien anglaise, comme expression de la morgue, du relief, de la solidité, de la force : on en verra des spécimens au nord-ouest de Regent's Park.

Une architecture nouvelle qui tient de la première par l'énergie des reliefs, et de l'architecture parisienne du second empire par la hauteur des maisons, par certains détails de coupe des toits et des fenêtres et la profusion des ornements : à chercher entre Victoria Station et l'entrée sud-est de Hyde Park.

Une architecture de fantaisie très variée, très pittoresque, qu'on rencontrera tout autour de Londres, particulièrement dans les environs du Crystal Palace, affectant souvent la forme de chalets, et qui, avec ses découpures, ses dentelures infinies, ses clochetons, ses tours carrées, ses toits irréguliers et bizarres, ses airs de chapelles superposées, paraît surtout se souvenir de la Renaissance et quelquefois du moyen âge.

Enfin une petite architecture gracieuse à colonnes doriques, rarement ioniques ou toscanes, dont les péristyles entourent la plupart des squares élégants ou dessinent les *crescents* de l'ouest ou du nord exclusivement habités par la *gentry*.

Je ne parle pas de la maison bourgeoise ordinaire des extrémités de la ville, dont le principe s'arrête à la sobre ornementation romane, et qui cependant, avec ses avancées en trapèze sur des gazons en pentes, ses perrons sous lesquels se dérobe l'escalier du sous-sol et des cuisines, sa petite terrase du premier étage, ses croisées à coulisses d'une seule pièce, ses rideaux blancs transparents à grands ramages sous les jalousies vertes à demi baissées, et les jolies têtes brunes ou blondes qui se dissimulent curieusement derrière, ne laissent pas de faire une habitation charmante, confortable et surtout plus indépendante, plus commode et moins chère que nos appartements de la ville.

Comme architecture publique, à Londres, il faut avant tout citer le Parlement, de construction toute récente mais dérivée de celle d'une vieille chapelle qui en forme le centre; Westminster Abbey, qui l'avoisine; la cathédrale de Saint-Paul imitée de Saint-Pierre de Rome; les restes massifs de la Tour de Londres, à l'est de la Cité; le Monument du Prince Albert, devant Albert Hall... C'est à peu près tout.

On a comparé l'ensemble de monuments qui entoure Trafalgar Square au Cabinet des Horreurs de madame Tussaud. Cependant les lions en pierre sont très beaux. Quant à la colonne de Nelson, qui fait pendant à celle de Wellington, située à quelques pas de là, à l'entrée de Saint James Park, elle ne se recommande guère que par sa hauteur, qui semble faire la nique à la petite statue équestre d'un George quelconque placée à ses pieds. Wellington, lui, on le voit partout, dans la Cité, dans Green Park, dans Hyde Park, sur tous les almanachs, dans toutes les collections de portraits, non par une affection spéciale pour ce roide personnage, mais parce qu'il a battu Napoléon, et que les anniversaires des défaites françaises, dues aux Anglais ou à d'autres armes, sont les éphémérides les plus chères à un cœur anglais.

Conduisons le nouvel arrivant à une fenêtre du *Crichton Club*. C'est un club d'artistes, d'écrivains, de savants, d'ingénieurs, et il a l'avantage d'occuper deux ou trois maisons d'Adelphi Terrace, entre Waterloo Bridge et Charing Cross. De là, en respirant le parfum des violettes des jardins nouvellement plantés le long de l'*embankment*, il verra se dérouler cette courbe énorme de la Tamise, avec ses dix ou douze ponts aux formes variées, trop espacés du côté de Chelsea, pressés et encombrés dans l'autre sens jusqu'à London Bridge. En face du Parlement tout en dentelures, dont les galeries basses et les tours hardies baignent leurs bases dans le fleuve source de la puissance de Londres, il admirera sans doute avec moi la longue série des vastes bâtiments de l'hôpital Saint-Thomas. Est-ce par une antithèse significative et volontaire que ce monument immense de la charité publique et le sanctuaire de l'aristocratie traditionnelle et de la grandeur nationale ont été élevés vis-à-vis l'un de l'autre sur les deux rives de la Tamise?

Vues surtout du quai, à la distance de Marlborough House (la résidence du Prince de Galles), soit le soir au soleil couchant, soit lorsque la lune se lève derrière par une nuit étoilée, les lignes bizarres du Parlement présentent un aspect féerique, relevé par les tons noirâtres et tristes des usines et des chantiers qui se succèdent sur la rive méridionale du fleuve, depuis Lambeth et Southwark jusqu'à Bermondsey et Rotherhithe. C'est également du quaqu'il faut regarder toutes les pointes des clochers et des tours de la Cité et découvrir la ligne très nette et très pure des parties latérales de Saint-Paul perspective que l'on ne saurait demander aux rues étroites qui l'avoisinent.

L'unique promenade du soir, pour le visiteur ou pour l'habitant de Londres, commence à Fleet Street, où déjà s'élaborent, dans des ateliers éclairés jusqu'aux combles, les journaux du matin, le *Daily News*, le *Daily Telegraph*, le *Standard*, le *Morning Advertiser*... Quant au *Times*, il se tient à l'écart, plus avant dans la Cité, où il occupe seul son immense hôtel de Blackfriars. Le *Morning Post* et ses confrères du soir, le *Globe*, l'*Écho*, le *Pall Mall Gazette* s'échelonnent plus bas, le long du Strand, dans la région des théâtres.

Là, le théâtre du *Strand*, celui du *Globe*, l'*Olym-*

pic, la *Gaiety*, le *Lycœum*, *Adelphi*, plus haut sur la droite *Covent Garden* et *Drury Lane*, obstruent le passage, ceux-là par des *queues* joyeuses, jeunes, populaires, ceux-ci par des files assourdissantes de voitures et de muettes cohues d'habits noirs. On n'oserait pas se montrer autrement au balcon des grands théâtres. Mais ne cherchez point ici ceux de la *Cour*, de la *Princesse* et de la *Reine*, ce dernier d'une élégance tout à fait correcte : ils sont ailleurs, à Sloane Square, que nous laisserons à gauche, à Oxford Street, où nous allons, à Holborn, d'où nous pourrions revenir à Fleet Street par Chancery Lane en faisant le tour des nouvelles Cours de justice. Mais à deux pas de l'hôtel de Charing Cross aux huit étages, en laissant Nelson à notre droite et Wellington à notre gauche, nous trouvons encore deux théâtres, celui de *Haymarket* et celui de *Sa Majesté*. Car je ne suppose pas que vous ayez la faiblesse des habitués de Leicester Square pour les splendides décors et les danses libres de l'Alhambra, plutôt un café concert du demi-monde qu'un théâtre. Si pourtant vous vous êtes aventuré jusque dans ces aimables parages, et en compagnie, je le confesse, de plus d'un nobleman britannique, appartenant ou non à la jeunesse dorée de la Métropole, vous en reviendrez en vous mêlant à la foule qui bat incessamment le trottoir des cafés et des hôtels français, entre Cranbourn Street et Coventry Street. Là vous entendrez parler toutes les langues.

Êtes-vous las? Désirez-vous vous rafraîchir? Les publics houses qui abondent sur toute la route vous offrent leurs bancs de bois, leurs pintes d'ale ou de stout, leurs verres de gin, d'irish whisky et de brandy. Les coffee rooms français, italiens ou suisses ont leurs banquettes de velours avec du thé, du café, du chocolat, des glaces et des gâteaux, voire des beefsteaks et des côtelettes que vous pouvez arroser d'une demi-bouteille de claret, c'est-à-dire de French wine. Vous avez encore sous la main les vrais cafés français et leurs hôtes avec cabinets, salons et cuisine à l'instar et à des prix à peine un peu plus élevés qu'à Paris.

Suivant Coventry Street, accordons un regret au vieux Haymarket, dont la pruderie moderne a fermé les bars éclatants, les restaurants joyeux, les divans ouverts toute la nuit. Vous verrez aussi avec douleur l'emplacement du Mabille de Londres, un Mabille en chambre et sans jardin, *Argyll Rooms*, que des voisins grincheux, assure-t-on, ont fait fermer, ainsi que *Cremorne Gardens*, ainsi sans doute que tous les autres rendez-vous de la beauté et de la jeunesse trop pimpants et trop sincères au gré de l'hypocrisie et de la laideur des mœurs britanniques.

Peut-être trouverez-vous encore ouvert, si la barbarie des teetotallers (1) n'en a pas ordonné autrement, le *Music hall du Pavillon*. Je vous avertis que vous y étoufferez et que les chanteurs ne vous y. intéresseront guère plus que les acrobates. Ce n'est pas, direz-vous, une raison pour fermer celui-là, tandis qu'il y en a de semblables dans tous les quartiers de Londres. — La raison est qu'il est trop en vue, qu'il y vient trop d'étrangers, que cela empêche le peuple anglais de passer aux yeux de l'Europe pour un peuple vertueux.

Revenant, et continuant votre promenade dans Regent Street, la plus belle rue de Londres, grâce, le jour, aux magasins qui attirent les dames du monde, et, le soir, à la société interlope qui y afflue vous laissez à votre gauche la plupart des clubs aristocratiques, le *Reform Club*, le *Carlton Club*, et tous ces centres célèbres dans les annales parlementaires, littéraires, scientifiques, où les classes sont si profondément divisées, complément indispensables de la vie de famille, véritables habitations personnelles, où l'Anglais reprend l'individua-

(1) Association de Buveurs d'eau.

lité qui doit s'effacer, dans la maison devant le rôle du père et de l'époux, et dans le Parlement ou l'office de la Cité devant la fonction et les affaires. J'ai dit ailleurs que, dans tout Anglais, il y avait deux hommes : celui de la fonction sociale et celui de la fonction domestique. Je me suis trompé ; au lieu de deux je devais dire trois : j'ai oublié l'homme de son club, c'est-à-dire lui-même indépendamment de toute fonction. S'il arrive qu'il s'y sentetrop lui-même et à vide, que les habitudes monotones de ce milieu l'excèdent, le fatiguent, il change de club, retrouve dans le nouveau les mêmes usages que dans celui qu'il quitte, — car l'Anglais n'est pas inventeur; — alors il vient sur le continent, veut sortir de soi en sortant de chez soi, n'y parvient pas, et produit ces types excentriques que l'on cite à tout propos, mais qui ne sont pas plus l'Anglais qu'un amas de feuilles dont les caractères ont été effacés n'est un livre. Pour connaître un type national, il faut l'étudier chez lui dans son milieu. Chez lui, il est difficile à aborder, à pénétrer; hors de chez lui, où on le suit plus aisément, il cesse d'être lui : deux causes d'erreur, qui font que deux peuples voisins, et qui semblent se mêler sans cesse, restent impénétrables l'un à l'autre.

Rien n'égale la splendeur de ces habitations,

clubs et maisons particulières que vous laissez à votre gauche, soit entre le grand angle formé par Regent Street, les Parks et Oxford Street, soit autour de Hyde Park jusqu'à l'extrémité du Kensington, soit au delà d'Oxford Street jusqu'à Paddington et Regent's Park et au delà de Paddington et au delà de Regent's Park sur des espaces immenses. Tout cela est le West End de Londres, c'est-à-dire ce qu'il y a de plus riche, de plus splendide, de plus puissant dans l'univers.

Mais, arrivé à Oxford Street, vous ne tournez point à gauche, vers la région des ambassades et des palais, vous ne vous arrêtez pas aux magnificences de Langham Hotel et de Portland Place, vous suivez Oxford Street à votre droite, jusqu'à Holborn. Les riches magasins qui bordent le jour ces voies énormes ne vous présentent maintenant que leurs portes de fer. Vous ne vous engagez point dans la série indéfinie de squares, autrefois nobles, maintenant peuplés d'avocats et de petits bourgeois qui longent votre route vers le nord jusqu'au British Museum et au delà. Vous avez fait le tour du quartier français, que vous laissez derrière votre droite. Si vous alliez plus loin, vous retomberiez dans la Cité, maintenant déserte. A moins de revenir sur vos pas, il ne vous reste qu'une chose à faire, c'est de tourner brusquement à droite.

— Quoi ! dans ces ruelles étroites, obscures, puantes, regorgeant d'enfants déguenillés et de vieilles femmes ivres ; où les cours aux entrées étroites sont peuplées de repris de justice ; où filles, garçons, le père, la mère, les vieillards couchent pêle-mêle dans des chambres infectes ; où l'on se bat, où l'on hurle, où l'on assassine, où l'on vole sans que la police s'y ose aventurer ? Quoi ! dans les *Seven Dials*, où une femme en jupe non déchirée ne passerait pas en plein jour sans être insultée ? dans cette léproserie de Drury Lane, moins horrible à voir la nuit qu'en plein soleil, car l'ombre de la nuit en cache les ulcères grouillants, les plaies hideuses ? Eh ! vous ne connaîtrez que la moitié de l'Angleterre si vous n'avez pas vu cela. C'est la contre-partie du luxe éblouissant, de la pompe sereine que mènent les seigneurs et maîtres du genre humain. Vous l'avez ici à deux pas des temples de l'art et de la loi, entre le British Museum, Covent Garden et les Cours de justice. Vous la retrouverez à Westminster, aux pieds du Parlement. Elle vous attend à l'est et au sud de cette Cité, où se brassent les finances du monde. Partout, dans cette ville, dans ce pays, derrière les splendeurs et les grandeurs, vous n'avez qu'à tirer le rideau, pour assister à la mort vivante, à la décomposition humaine la plus monstrueuse que jamais civilisation ait enfantée.

Ces contrastes heurtés, violents, impies, cette réunion bizarre et rude des extrémités des choses humaines : voilà Londres, voilà l'Angleterre, voilà la morale de l'Anglais et son génie.

Les chaleurs venues, il faut quitter Londres, aller à Brighton, à l'île de Wight, aux villes d'eaux, en Écosse, en France, en Suisse, n'importe où, et cela pour une première raison : c'est qu'une dame anglaise serait déshonorée si elle ne sortait pas de chez elle. Quelques familles de Brixton vont alors s'installer à Hampstead, tandis que celle d'Hampstead vont passer deux mois à Brixton. D'autres se contentent de baisser leurs jalousies et de faire dire par Mary ou Sarah qu'elles sont à Bath ou à Plymouth.

La seconde raison, c'est que Londres est insupportable l'été. Londres manque d'eau. Personne n'ignore la difficulté que, malgré des travaux énormes, on éprouve à assainir les environs de Londres ; on ne saurait en être surpris : une ville de quatre millions d'âmes est une absurdité, et des égouts entraînant les matières fécales sont une autre absurdité. Mais il y a plus, il y a pour Londres la difficulté de se procurer de l'eau, surtout de l'eau potable. La Tamise, qui monte et descend, deux fois par jour, de vingt pieds environ avec la marée, est proprement à Londres un bras de mer. Ce n'est qu'à plusieurs lieues en amont, au-dessus du dernier barrage, que l'on y trouve de l'eau propre à être employée aux usages domestiques, et encore à la condition que les localités du bassin supérieur s'abstiennent d'y déverser leurs égouts. Des lois ont été faites à ce sujet, et l'on a bien amélioré l'état de cette eau, où l'on a pu faire reparaître les truites et autres poissons délicats. Néanmoins, et malgré une double filtration, elle est encore médiocrement salubre, et les analyses chimiques y constatent encore la présence d'une proportion fâcheuse de matières organiques.

D'ailleurs, elle est insuffisante. Les compagnies qui desservent le Sud et l'Ouest de Londres suffisent pour absorber la moitié du rendement du fleuve dans les périodes de sécheresse.

Le Centre, le Nord et l'Est de la Métropole sont desservis par le *New River,* dérivation de la Lea, petit cours d'eau qui prend sa source à une trentaine de lieues et qui sépare les comtés d'Essex et de Middlesex. A la prise d'eau, la liqueur en est remarquablement pure; mais comme elle circule à ciel ouvert autour de toutes les collines de la route, elle arrive chargée de détritus végétaux et de poussière.

Les faubourgs du Sud-Est et certaines usines sont desservis par des machines pompant des puits profonds percés, à travers le terrain crétacé et l'argile, jusque dans le grès rouge : l'absence des matières organiques est ici compensée par la présence des sels minéraux.

Il suffit, du reste, de jeter les yeux sur le misérable canal qui traverse le sud de Kentish Town et de Camden Town et entoure le nord de Regent's Park, pour sentir la pénurie d'eau, c'est dans ce canal qu'a éclaté il y a quelques années un bateau chargé de poudre: la commotion a brisé toutes les vitres du quartier.

La Serpentine de Hyde Park, où les cavaliers et les amazones du grand monde affluent tous les matins, en été, n'offre cependant, par la lenteur de son cours et son peu de transparence, qu'un attrait aussi médiocre que la plaine nue qu'elle longe. Il est vrai qu'elle reçoit de l'autre côté la poussière de Rotten Row soulevée par tous les attelages de l'aristocratie, au grand deuil des arbres maigres du chemin, plus sensibles à cette atmosphère viciée que des estomacs britanniques. Heureusement qu'elle retrouve de l'ombre et de la fraîcheur sous les massifs splendides et moins fréquentés de Kensington Gardens.

Rien n'est plus charmant que le bassin, les îles, les oasis, les cygnes, les canards, les poules d'eau de Saint-James Park, en face des palais du Gouvernement et de celui de la reine. Là on ne se baigne pas; mais des bateaux élégants de toutes formes et de toutes couleurs y vont et viennent joyeusement, souvent conduits par des jeunes filles seules.

Ce coin délicieux de la grande cité n'empêche pas le défaut général d'eau courante, qui ne permet guère de s'y payer le luxe des jets d'eau. Les places publiques en manquent absolument, à part les deux maigres gerbes de Trafalgar Square, alimentées par un puits artésien dont le percement a coûté des sommes folles.

Tous les ruisseaux qui entourent Londres sur une vaste circonférence sont utilisés par d'autres villes ou se rendent à la Tamise.

Malgré cette pénurie d'eau, il faut reconnaître que Londres, comme les autres villes anglaises, a des bains publics, trop peu nombreux peut-être, sévères, corrects et massifs, froids en toute saison, les cabinets ouverts par le haut et sans fenêtres, mais propres et à bon marché : première classe à six pence, seconde classe à la moitié. Par exemple, il n'y faut pas parler de serviettes chaudes ; on reçoit son linge en entrant, on le rend en sortant, et il faut se déshabiller, se baigner et se rhabiller en une demi-heure, sous peine de payer double. Cela n'intéresse pas les gens comme il faut, qui se baignent chez eux.

Pour se mouvoir dans Londres et pour sortir de Londres, il existe beaucoup de moyens. On a essayé à Paris l'introduction des *cabs* anglais. Ce sont de petites voitures à deux places, ouvertes seulement par devant, avec le cocher, le *cabman*, hissé, derrière. Le voyageur, pour donner ses ordres, frappe de son parapluie au-dessus de sa tête : une portière à coulisse s'ouvre, le cabman avance ses oreilles, et la communication a lieu. En cas de pluie, le cabman rabat sur la figure du voyageur un vitrage à trois pans coupés horizontalement, que celui-ci reçoit sur la tête quand il n'est pas prévenu de l'opération, et dont fréquemment les interstices répandent l'eau sur ses genoux.

Je ne sais pourquoi ces petites voitures, élégantes et commodes après tout, et qui ont l'avantage de dérober le dos du cocher, n'ont pas plu à Paris. Peut-être a-t-on trouvé la situation du cocher peu démocratique. Cependant, il est mieux traité à Londres qu'à Paris. Il n'y est serf d'aucune police. Ses différends avec les voyageurs s'y règlent devant les tribunaux ordinaires. Il conduit à l'heure ou au mille, et les milles sont comptés d'après un livret indiquant toutes les distances. Il peut débattre son prix d'avance. Son témoignage vaut en justice celui d'un autre citoyen, et il a le recours d'appel du commissaire au juge. Il a le droit d'insolence et en use, ne s'arrête pas quand on l'appelle, vous expulse violemment de la voiture que vous désirez occuper, refuse bellement le travail à l'heure ou les courses qui l'éloignent du centre, son tarif minimum étant de deux mille et les courses moindres lui donnant un clair bénéfice.

Une autre raison plus sérieuse a pu empêcher l'acclimatation à Paris des petits cabs. C'est qu'ils vont merveilleusement avec des chevaux bien nourris et sous la main de conducteurs habiles à traverser sans encombre les passages les plus compliqués. Cette rapidité qui fait leur charme n'est pas possible dans une ville où toutes les voitures s'empêtrent bêtement sur les mêmes points, où les sergents de ville dorment sur place, où les cochers sont lourds et les chevaux souvent efflanqués et éreintés.

Inutile d'ajouter que les Anglais ont, d'ailleurs, comme nous des voitures publiques fermées à quatre places et des voitures découvertes, mais dont l'attelage est infiniment supérieur au nôtre.

Leurs omnibus sont plus petits que les nôtres, sans correspondances et sans relais. Les sièges y sont ordinairement disposés en long avec retour qui les joint à l'extrémité antérieure, quelquefois divisés en compartiments. Ceux de l'impériale sont placés en sens inverse, comme dans nos anciennes diligences; on s'assied même auprès du cocher, et l'on monte par des marches placées à l'avant. Le conducteur se tient sur un simple marchepied. Le cocher en remplit souvent les fonctions : dans ce cas, il ouvre la porte de sa place au moyen d'un cordon, et l'on communique avec lui par une ficelle attachée à sa ceinture. Tous les sièges payent le même prix selon la distance, d'après des points de repère indiqués sur un tableau affiché dans l'intérieur de la voiture. Le parcours minimum paye 2 pence (le *pence* vaut 12 cent. 1/2); le parcours maximun, si l'omnibus, fait un long trajet peut atteindre jusqu'à 10 pence ou 1 shilling(1 fr. 25.)On ne rencontre guère ces derniers prix que pour les omnibus circulaires des environs de Londres. Le prix des distances ordinaires dans l'intérieur, est de 3 à

4 pence. Les points de repère sont indiqués de façon à ce qu'il soit très difficile de se tenir dans les limites du trajet à 2 pence. Ainsi, sur la plupart des omnibus qui traversent la Cité et suivent le Strand, n'eût-on fait que trente pas avec l'omnibus, si, dans ces trente pas on a traversé Chancery Lane, on paye 3 pence.

Certains omnibus élèvent leurs prix le dimanche : par exemple sur celui de Chelsea à Regent Street, le moindre parcours central côute 6 pence.

Le système des correspondances est établi sur quelques tramways de Londres. On y reçoit un ticket indiquant le prix que l'on a payé et donnant droit à tel ou tel parcours. Ce ticket sert pour la correspondance.

En général, malgré la population infinie de Londres et le mouvement énorme de ses rues, on trouve très aisément une voiture ou un siège dans un omnibus, on s'installe vite, on arrive vite.

La cité de Londres, presque déserte la nuit, dans sa partie la plus affairée le jour, commence à se vider dès quatre heures par ses rues, ses quais, ses ponts, ses souterrains, ses chemins de fer, ses bateaux, ses omnibus, ses tramways, ses cabs, ses hansoms, ses voitures particulières, voire ses chevaux et jusqu'à ses vélocipèdes.

On ne comprendrait pas la Cité de Londres, centre de l'activité financière du globe, avec des ruelles étroites dont les moindres caves produisent des trésors, sans les chemins de fer souterrains ou à ciel libre divergeant de toutes parts qui, toutes les cinq minutes, absorbent des flots de population par leurs branches ouvertes sur tous ses points, à Cannon Street, à Mansion House, à London Bridge, à Ludgate Hill, à Snow Hill, à Farringdon Street, à Holborn Viaduc, à Aldergate, à Moorgate Street, à Liverpool Street, à Fenchurch Street, et j'en oublie.

Grâce à cette facilité de gagner immédiatement des trains fréquents et rapides, les gentlemen de la Cité demeurent presque tous à une grande distance du centre de Londres, et se trouvent pour ainsi dire à leur porte. Plusieurs même habitent Brighton, — Londres-sur-Mer, — la ville la plus brillante et la plus française d'Angleterre, dont les pavés sont blancs et roses comme ses maisons, et dont toutes les fenêtres s'avancent jalousement l'une sur l'autre pour piper une vue de la mer. Le trajet en train express n'excède guère une heure. Les trains sont confortables. On y accède librement dans London Bridge Station, sans perdre de temps, en causant avec ses amis jusqu'à la dernière minute. On est reçu par les siens à Brighton au sortir du wagon. Rien de ces tortures administratives et de ces empilements qui rendent ailleurs si fastidieux les voyages en chemin de fer.

Malgré la commodité des chemins de fer souterrains de Londres (*Metropolitan*, *District* et autres), malgré l'exactitude du service et la prestesse merveilleuse des arrêts et des départs, j'avouerai que leur emploi habituel, même pour des trajets de vingt minutes, n'est pas d'une gaieté folle, que la descente dans ces caves et surtout l'ascension correspondante sont une addition très réelle aux désagréments du voyage, et qu'on y est parfois suffoqué de vapeurs lourdes et chargées d'un gaz fétide.

Ne terminons pas cet aperçu de Londres, sans parler des *policeman* et des *prêteurs d'argent*, deux types aux antipodes l'un de l'autre, mais tout à fait Londonniens.

Le Policeman

Le *policeman* ou *constable* se reconnaît aisément à sa tunique bleue, à son casque de cuir bouilli et au gourdin dont il est armé (*truncheon*), mais dont il n'excipe que dans les grandes occasions.

Ce n'est pas un agent du pouvoir central. Il est nommé par les juges du comté ou par la municipalité de la ville. C'est un serviteur du peuple et de la loi. Aussi a-t-il un haut sentiment de sa mission : il est respecté ; les rangs les plus pressés, les plus tumultueux s'ouvrent devant lui. Il est pour le bas peuple l'image vivante de la loi, et remplit dans la masse des circonstances ordinaires le rôle d'un tribunal de première instance.

On l'accuse quelquefois de brutalité. C'est, il faut le reconnaître, une qualité inhérente à des fonctions aussi difficiles, et quand il se croit dans la nécessité d'employer la force, il le fait à la manière anglaise, c'est-à-dire avec décision et énergie. Mais il est rare qu'il en arrive là sans avoir épuisé les moyens de persuasion. Je l'ai vu souvent user de patience et de tolérance pendant une demi-heure devant des querelles graves et des tumultes, et parvenir à rétablir le calme et l'ordre sans déployer d'autre force que l'autorité morale. Pour les gens ivres, il est plein de mansuétude et d'égards tout naturels ; cette disposition est, du reste, générale chez le peuple anglais : chacun semble se dire qu'il pourra un jour avoir besoin qu'on lui rende le même office.

Le policeman répond avec intelligence, empressement et politesse à toutes les demandes de renseignements qui lui sont faites. Les mauvaises langues prétendent qu'il n'est pas au-dessus de l'offre d'un demi-souverain, ou même d'une demi-couronne, et que les pintes d'*half and half* qu'il absorbe secrètement à la porte des *public houses*, expliquent bien des petites connivences et des omissions dans son service. Je ne me porterais pas garant de son désintéressement, ni surtout de sa sobriété absolue. On n'est pas parfait : le policeman est pauvre, et en sa qualité d'Anglais, il a toujours soif... Mais je ne crois pas que ces légères infractions à la règle dégénèrent souvent en fautes graves. Il est généralement honnête. Il est courageux. Il exerce avec prudence le pouvoir dont il est investi.

C'est sur lui, en somme, que repose principalement, dans la pratique élémentaire et quotidienne, qui intéresse tout le monde, l'application des fameux principes de l'*habeas corpus*, d'après lesquels il ne peut être, légalement, porté atteinte à la liberté d'aucun homme, en dehors des cas rigoureusement spécifiés, tels que le warrant délivré par un juge, le flagrant délit sous les yeux d'un policeman, ou l'accusation formelle d'un citoyen honorable.

Le policeman sait assez bien quels cas de flagrant délit entraînent pour lui le droit et le devoir de procéder à une arrestation. Il lui est quelquefois moins facile, entre deux individus qui se donnent

LONDRES. — BRITISH MUSEUM.

l'un l'autre *en charge*, — c'est l'expression, — de distinguer qui est le citoyen honorable et d'où vient l'accusation sérieuse ; c'est chez lui une affaire de tact, et il ne serait pas étonnant qu'une pièce d'or glissée dans sa main contribuât à lui faire comprendre de quel côté la plus grande somme de respectabilité réside.

Du moins celui qui est arrêté légèrement a-t-il la consolation de voir son affaire réglée avec la plus grande célérité. Conduit immédiatement au bureau de police, il y est interrogé le jour même, à moins que l'heure avancée de la nuit ne le force à attendre le matin, et, s'il y a lieu, il est conduit séance tenante au tribunal de simple police. Il a, de plus, droit à des dommages et intérêts en cas de *mise en charge* non motivée, et peut se faire allouer une indemnité considérable si celui qui a provoqué l'arrestation n'a pas disparu après avoir donné une fausse adresse et s'il est solvable, et pourvu que la partie lésée ait directement ou indirectement les capitaux nécessaires pour le suivre devant toutes les juridictions où il lui plaira d'en appeler. Le cas étant considéré comme très-grave, et si l'auteur d'une arrestation illégale est un homme riche, on trouve aisément des solicitors disposés à entreprendre les poursuites sans provisions, quoique la loi punisse sévèrement comme *conspiration* toute avance de fonds ayant pour objet de couvrir les frais de justice.

Les Prêteurs d'argent

Avez-vous besoin d'argent? *Money! Money! Money!* — Des annonces de cette nature ont leur place dans tous les journaux et en garnissent quelquefois des colonnes entières. Celui qui a, en effet, besoin d'argent, se laisse attirer par des propositions séduisantes : faibles intérêts, solution expéditive, discrétion absolue. Les maisons de prêt *(Loan Societies)* sont de véritables confessionnaux. Toutes sortes de garanties y sont admises : dépôts de marchandises, engagement de marchandises ou de mobiliers sans déplacement, effets de commerce *(promissory notes)*. Quelques prêteurs ne demandent pas de garanties du tout, et l'impriment en toutes lettres. Il est vrai que rien ne se fera sans la signature et la caution de deux notables connus, patentés, payant des rentes à la Reine... Nullement ! lisez plutôt : *sans garanties ! sans cautions !*

Rien de plus commode, en vérité. Vous êtes sans défiance. Des annonces publiques, des adresses certaines, des maisons déjà anciennes et opérant ouvertement : que pourrait-on craindre ?

Vous vous hasardez.

Vous arrivez aux confins de la Cité, derrière un square désolé, dans une maison nue, dont le vieil escalier de pierre donne froid. Les bureaux sont délabrés, les rideaux effrangés ou pas de rideaux, les employés rares, ou pas d'employés. Le chef de l'établissement, après vous avoir fait dûment attendre, apparaît et vous dévisage. La confession commence, est fort bien accueillie : on tombe d'accord. L'intérêt, il faut à peine en parler : cinq pour cent.

— Ce n'est pas une affaire, monsieur ; c'est un service. Il est devenu si difficile de placer son argent ! Ce sont des rentiers, monsieur, de vieux rentiers, ne sachant comment employer leurs revenus ; des hommes religieux, monsieur, des philanthropes, qui sont trop heureux d'obliger les personnes dans la gêne.

Sur un tapis déchiré, une grosse Bible, de petits traités de religion et de morale vous attestent la sincérité de ce brave homme. Le luxe manque dans l'appartement : mais qu'est-il besoin de luxe pour faire le bien? pourquoi offenser par les contrastes le regard des nécessiteux que l'on veut obliger?

Ce monsieur allume un cigare de quatre pence. Il ne vous en offre point. Libre à vous d'en acheter dans trois jours à un shilling, à deux shillings même si cela vous fait plaisir. Votre argent est prêt : peu importe la somme. Plus vous la désirez considérable, plus elle est prête. Les dépenses d'administration? une bagatelle ! dix-huit pence. Le remboursement? mais, à votre aise, absolument à votre aise, par à-comptes, par tout petits à-comptes, par semaines. Il est vrai que vous aurez à payer pour chaque retard une amende de quatre pour cent; mais comme vous ne serez jamais en retard, ce n'est pas la peine de mentionner ces détails.

— Mais votre confiance...

— Nous voyons très bien, cher monsieur, à qui nous avons affaire. Nous sommes si au fait de ces choses-là.

— Alors, il suffit...

— De votre nom, de quelques adresses, et de quarante-huit heures pour procéder à la petite enquête. Oh ! simple formalité, pour la bonne règle. Et cela ne coûte qu'un shilling... pour un prêt de cinquante shillings. Nous en sommes du nôtre. Les courses, à Londres, sont si longues !

— Mais pour les cinquante livres sterling que vous voulez bien me prêter, remboursables à la fin du mois?

— Ce sera juste une demi-guinée, dix shillings et six pence...

Que vous lâchez entre ses mains et que vous ne revoyez plus.

— Et le résultat de l'enquête ?

— Parbleu, est toujours contre vous.

— Et si j'ai donné de sérieuses références!

— Croyez-vous que personne se soit déplacé pour y aller voir ?

— Et le prêt?

— Il n'y a pas de prêt.

— Alors le vieux rentier philanthrope, et les annonces du *Times*, et la mise en scène du bureau nauséabond, et la Bible, et les petits traités de théosophie : tout cela n'est que de l'escroquerie!

— Vous l'avez compris trop tard.

— Pourtant il existe à Londres et dans toutes les villes anglaises des maisons de prêt respectables?

— Absolument ? Soit! Je veux bien l'admettre. Mais celles-là ne sont pas ouvertes pour vous. Elle s'adressent spécialement à tel ou tel commerce, et n'opèrent que sur les cautions commerciales les plus certaines. Encore, à propos d'une maison de cette nature, je me rappelle d'étranges scandales... Mais ne soyons pas trop indiscret.

III

LE CARACTÈRE ANGLAIS

C'est à ne plus croire aux réputations. L'Anglais a celle d'être triste : il est gai. On assure qu'il a l'abord glacial et n'engage pas aisément de nouvelles relations : il a toujours l'accueil empressé sur une simple introduction, et son obligeance se traduit immédiatement par des actes et ne se lasse jamais. Ainsi du reste.

L'Angleterre est une initiation. Là comme dans les hautes sciences, chacun s'initie soi-même. Il y a mille choses que chacun sait et ne dit pas. On s'entend sur presque tout à demi-mot. Deux figures de rhétorique définissent le Français et l'Anglais : où celui-là use de l'hyperbole, celui-ci préfère la litote. Le premier dit beaucoup et exprime peu, où le second, en disant peu, exprime beaucoup. Aussi, à moins que nous ne les amusions, nous leur sommes intolérables, et à moins que nous ne les connaissions à fond, ils nous sont incompréhensibles. Les Français parlent parfois d'eux-mêmes, jamais l'Anglais. Si l'on exprime un avis en ce qui le regarde, il écoute avec une extrême attention, mais ne désapprouve ni n'approuve. Les éloges le trouvent insensible : il sait trop ce qu'il vaut. Les critiques justes, provoquent sa réflexion ; plus généralement les jugements dont il est l'objet ne suscitent que son mépris : rarement il le laisse apercevoir par un pli dédaigneux de la face ; le plus souvent cette contraction n'est qu'un sourire. Je ne sais rien de plus terrible que ce sourire de l'Anglais, à moins que ce ne soit son ironie à froid lorsqu'il vous parle : une ironie de bon ton, si peu indiquée, si polie, si correcte, que vous êtes quelquefois un an à vous apercevoir qu'il s'est moqué de vous.

Entre eux, naturellement, cette ironie ne trompe personne. Elle fait le fond de leur conversation, le fort de leur éloquence. Elle est l'origine de leurs plus vives querelles. L'Anglais, né boxeur, tient peu de compte d'un acte de violence, et méprise une injure dont la grossièreté n'avilit que son auteur ; mais il ne pardonne pas une insinuation de nature à le déconsidérer, et dans les causes les plus graves, de l'ordre soit politique soit judiciaire, et après un laps de temps quelconque, des rancunes personnelles n'ayant pas d'autre cause se manifesteront à leur heure et pourront produire des effets sérieux.

Cette ironie n'a pas pour but de tromper. L'Anglais n'est pas menteur ; il ne comprend pas le mensonge léger, la plaisanterie qui consiste à l'affirmation de ce qui n'est pas. Il est à cet égard, dans la conversation, d'une naïveté singulière, prenant au sérieux ce qui n'est que jeu. Le caractère qu'il estime le plus est celui de l'homme qui va sincèrement et droit au but, *straight forward.*

Cependant il est méfiant, difficile à prendre sans vert, ne croyant qu'avec prudence à un bon mouvement, et, dans les diverses hypothèses, prompt à admettre la plus vicieuse. Ce qui ne prouve pas contre son amour de la droiture, mais vient de ce que, ferme dans ses jugements comme dans ses amitiés, il ne s'engage qu'avec précaution, et à bon escient. Mais quand il a donné sa confiance, elle est entière, et les présentations de la carte d'un ami ou d'une relation qu'il respecte portant ces simples mots : *To introduce Mr. so and so* (*pour introduire M. un tel*), suffit pour vous assurer immédiatement les bons offices de celui à qui cette parole s'adresse.

La présentation, entre Anglais, est de rigueur. En Angleterre, tous les mérites se connaissent, se suivent dans le cours de leur carrière; il est impossible d'en invoquer un à faux sans être aussitôt mis au pied du mur. La sévérité des relations y est donc juste. Mais vis-à-vis des étrangers, l'Anglais se départ de cette rigueur, et bien que généralement trompé, il accorde aisément droit de cité aux titres universaires ou littéraires.

Le respect de l'intelligence et du savoir est le signe d'une grande nation. Aucun peuple ne porte plus loin ce respect que le peuple anglais. Les publications savantes y abondent. Elles sont sur toutes les tables de salon. Les jeunes misses excellent dans l'aquarelle. La somme de talent artistique et littéraire, dans la classe bourgeoise, est énorme et se dissimule. La dépense en journaux et en livres y est infinie. Ces journaux sont les premiers du monde. Que dis-je? rien ne peut leur être comparé. Chacun des grands journaux de Londres représente un parti, un ordre social, est une puissance. Les journaux de province sont remplis d'informations de premier ordre, et condensent avec un travail inouï tout ce que contiennent les journaux de Londres. Le *Hereford Times*, hebdomadaire, a un format plus considérable que le *Times* de Blackfriars. Les éditions des livres nouveaux sont vendues d'avance, en volumes d'une demi-guinée au minimun (la guinée est de vingt et un shillings ; les comptes entre gentlemen ne se font pas par livres, mais par guinées, bien qu'il n'existe plus aucune monnaie de ce nom). Un roman nouveau se publie en trois volumes à gros texte, soit à près de quarante francs. Le succès d'un seul livre assure la subsistance de son auteur. On trouve au British Museum des livres français modernes qu'on demanderait en vain à la bibliothèque Richelieu. Tous les livres y sont catalogués, et les catalogues à la disposition du public. Les places y sont isolées et le travailleur studieux, avec tout le *confort* anglais, a toutes les facilités possibles pour ses recherches.

Nous entretiendrons plus loin nos lecteurs des Universités anglaises : la plus belle entrée du Parlement est par leur voie ; Pitt, Peel, Gladstone s'en sont honorés. Disraeli s'est élevé par des livres : il a publié un nouveau roman à la suite de chacun de ses ministères. Gladstone a étudié Homère conjointement à la constitution anglaise, et ses occupations ministérielles ne l'ont jamais empêché de s'intéresser aux antiquités de la Troade. Les longues citations d'auteurs grecs ou latin, particulièrement d'Horace, sont familières aux orateurs. Chacun sent que c'est là qu'ils puisent leurs forces.

Héritière de Rome et d'Athènes, et païenne par

le génie social, l'Angleterre aime les fêtes. A côté de la fête populaire de la Reine, célébrée sans participation officielle par le concours joyeux de toute la foule, avec toute licence pour les jeunes filles d'érafler de leurs *crackers* les épaules des passants de l'autre sexe, les grandes fêtes nationales sont celles des régates d'Oxford et de Cambrigde et des courses d'Epsom. Pour aller à Epsom, l'ancien lord Derby, premier ministre, quittait la séance du Parlement. Les parties de cricket forment une portion sérieuse de la vie des Universités et des collèges; toute la fashion de la ville y assiste sous des tentes. Les écoles, les sociétés particulières, les clubs, les comtés, les villes, les hautes classes sociales s'y provoquent, et toute la presse en raconte les détails avec le même soin qu'elle rend compte d'un débat d'où dépend la vie du ministère. Un jeu plus violent est celui de la balle, sur laquelle se ruent à coups de pieds les adolescents ou les hommes, qui n'en reviennent pas toujours avec toute leur peau. Les dames se contentent de prendre part aux jeux plus calmes et d'habileté : au croquet, à la raquette. Les billards anglais sont grands, avec des blouses, des bandes dures, des queues à procédés pointus peu élastiques.

L'Anglais n'est pas fort en matière de dogmes

religieux : mais en matière de conscience individuelle, il l'est beaucoup. La religion, pour lui, c'est la conscience. Le budget porte tous les ans un gros chiffre de restitutions anonymes à l'État sous ce titre : *Conscience money*. Voyez le fait de conscience de Charles Bradlaugh, homme éloquent, ardent, populaire. Élu enfin membre du Parlement, quoique pauvre, il refuse de prêter le serment, est renvoyé à ses électeurs, est élu de nouveau, déclare qu'il prêtera le serment seulement des lèvres, et sur cette déclaration n'est pas admis. La parole de l'Anglais vaut acte, et il n'oublie jamais ce qu'il a promis : il remplit la multitude de ses obligations avec une exactitude effrayante et sans emphase. Il ne se vante jamais du bien qu'il fait, et n'en attend aucune gratitude.

Le respect du dimanche, mesure préservatrice pour l'ouvrier, qui, sans cette loi, serait condamné à un travail sans trêve, sert à affirmer publiquement l'idée religieuse. Durant les heures d'office, presque tout le jour, les établissements publics sont fermés. Le voyageur seul qui peut affirmer *bona fide* qu'il vient de loin, a le droit de se faire servir un morceau de pain ou un pot d'ale. En Irlande, l'interdiction est maintenant pour la journée entière. En Écosse, on ne va que lentement à la chapelle, de peur de paraître se promener. Un dimanche à Londres est gai, dit-on, auprès du dimanche écossais. L'amour seul est permis le dimanche, et les jeunes Écossaises le savent mieux encore, assure-t-on, que les Anglaises. Euphémiquement, on se contente de dire que le dimanche est le jour des joies maritales. Par ces prohibitions gênantes, on ne parvient guère à limiter l'ivrognerie; car rien n'empêche de boire à la maison, et l'absence de vie publique y pousse encore. Mais on obtient autre chose: on affirme sensiblement au peuple la présence d'une idée morale et religieuse, d'une loi supérieure.

La loyauté vis-à-vis de la Reine, représentant suprême de la nation, est aussi une religion. Quand le *God save the Queen*, avec ses notes lentes et graves, est entonné pour clore une réunion, toutes les têtes se découvrent, tous les gentlemen se lèvent. On n'en a pas encore fait, comme de tant d'autres chants nationaux, une protestation ni un refrain de cabaret. Le patriotisme sans bruit est une vertu anglaise, qui repose sur une association volontaire de forces qui se connaissent. Rien ne montre mieux la puissance de ce principe d'association que la franc-maçonnerie anglaise et américaine. Vingt fois plus étendue que la nôtre, et cent fois supérieure par ses résultats, institution toute britannique dont les développements se confondent avec les progrès des nations libres.

Je ne sais pourquoi les cochers anglais prennent à gauche tandis que nous prenons à droite, et pourquoi en mille choses les usages anglais sont le contre-pied des nôtres. Est-ce parce que nous habitons un continent, et que l'Anglais habite une île ? Est-ce parce que deux peuples voisins tendent avant tout à se distinguer ? La politesse anglaise consiste à tenir son chapeau sur sa tête. Ils nous ont passé l'affreuse et malpropre coutume du *shake hands*, de la *poignée de mains* : ils disent pittoresquement *secoue-mains*. Ils nous ont laissé notre urbanité proverbiale pour sans doute mieux conserver leur abord de glaciale indifférence. D'excellentes âmes supposent que c'est peut-être timidité, ce qu'on appelle *shy*, mal à l'aise devant les personnes que l'on ne connaît pas, et la crainte d'être maladroit qui rendrait l'Anglais raide. Dans tous les cas, si timidité il y a, le citoyen du Royaume-uni n'en fait pas article d'exportation : hors de chez lui, à l'hôtel, au théâtre, en wagon, etc., etc., nul n'est plus encombrant, plus personnel et d'aussi peu courtoises façons.

L'Anglais, blessé dans son orgueil, est implacable. S'il ne peut écarter à jamais de sa route celui qui l'a offensé et le considérer comme mort pour lui, il l'accablera en toute occasion, faible, de son dédain, fort, de son hostilité ouverte. Et peu importe, pour cela, que l'offense ait été volontaire ou non, ou qu'à une certaine heure il lui soit démontré qu'elle n'avait pas le caractère qu'il avait supposé. Car l'offenseur, conscient ou non, lui est de peu ; l'impression qu'il a éprouvée, à tort ou à raison, et dont il est sûr, lui est de beaucoup et doit retomber sur celui qui en a été cause à un titre quelconque, sur la pierre qu'il a heurtée par le chemin et dont la vue lui rappelle un souvenir déplaisant. Pour celui qui a, une fois, encouru son animadversion, il n'est pas de retour, pas de justice, pas d'examen. Tous les mérites ou démérites, le vrai ou le faux, la volonté ou le hasard ou l'impuissance, tout se confond et s'égalise devant l'énormité du *moi*, du *myself* britannique mis en mouvement.

Il est fidèle à ses amitiés comme à ses haines, et par la même raison. Une amitié à sa convenance, et, par l'habitude, faisant comme partie de lui-même, résiste à tous les sacrifices que son entretien réclame, à toutes les attaques dont elle est l'objet. Il devient, en sa faveur, partial et injuste, et la preuve des fautes les plus graves ne le touche pas, tant qu'elle laisse intacte la sincérité de l'amitié.

Ce qu'il prise avant tout chez un homme, c'est de faire sérieusement ce qu'il fait, *in earnest*. Il est sérieux en affaires, sérieux en politique, sérieux en amour. Il n'entreprend légèrement ni ne cesse aisément aucune poursuite, et ses sentiments, qu'il manifeste peu, sont profonds et durables. Aussi le roman anglais, qui en donne la traduction littéraire, est-il une source inépuisable des émotions intimes les plus touchantes et les plus nobles. Le roman moderne de l'Angleterre est le plus humain et le plus vrai des romans, comme le drame de Shakespeare est le plus humain et le plus vrai des drames.

Chez l'Anglais, l'amour passion est persistant, muet, violent, terrible. Il se manifeste par des éclats à froid, quelquefois l'assassinat, plus souvent le suicide. Heureusement, il est combattu par la bonne règle de la vie, par le sens pratique, la multiplicité des occupations et des devoirs.

La vie active de l'Anglais ne lui permet pas le rêve. A quelque classe qu'il appartienne, ses obligations sociales de chaque jour sont infinies ; et il lui faut, pour se livrer, alerte et dispos, le cœur joyeux, l'esprit ouvert, à tant d'occupations successives, la force de tempérament qui en résulte.

Je termine ces remarques par l'indication d'une petite faiblesse. L'Anglais ne porte pas de rubans dans la rue ; mais il aime les abréviations de ses titres dont il est d'usage de faire suivre son nom soit dans la presse, soit sur les lettres, soit sur ses livres, — abréviations qui doivent se lire par le son du nom alphabétique des lettres : ainsi M. P. (membre du Parlement) rimerait dans un vers avec *épi*. Le moindre titre universitaire, B. A., par exemple, *bachelier ès arts*, correspondant à notre *bachelier ès lettres*, ne manquera jamais d'être ajouté aux titres les plus éminents d'un ambassadeur ou d'un amiral. Voici quelques-unes de ces abréviations: B. SC., *bachelier ès sciences;* B. D., *bachelier en divinité* (théologie) ; M. A., *maître ès arts;* L. D., *docteur ès lois* (droit) ; M. D., *docteur en médecine;* R. A , officier de l'*artillerie royale*, ou membre de l'*Académie royale* de peinture ; A. R. A., *associé* de cette académie ; F. R. G. S., *membre* (*fellow*) *de la Société royale de géographie* ; F. R. C. S., *membre du Collège royal des chirurgiens* (*surgeons*) *;* C. B., chevalier de l'*Ordre du Bain* ; V. C., chevalier de la *Croix de Victoria;* K. C. M. G. *chevalier commandeur* de l'ordre de Saint-*Michel* et Saint-*George*. Il faut un long usage de la société anglaise pour se rendre compte de toutes les initiales qui peuvent s'accumuler à la suite d'un nom.

Je dois dire en passant, à propos de titres, que l'on commet sans cesse, dans les journaux étrangers des erreurs ridicules sur les appellations anglaises.

Ainsi *sir*, titre d'un baronnet ou d'un chevalier (*knight*), qu'il faut distinguer de *sir* au vocatif, lequel signifie simplement *monsieur* (on peut dire, au pluriel, *sirs*, mais on dit généralement *gentlemen*) ne s'emploie qu'accompagné du nom de baptême (*christian name*) et le plus souvent sans l'accompagnement du nom de famille (*surname*). On dira très bien, par exemple, Sir Robert, Sir Stafford, Sir Charles, surtout si le nom de famille a été mentionné un peu auparavant; mais il n'est pas un Anglais qui ne sourie en lisant dans nos journaux *Sir Peel*, *Sir Northcote*, *Sir Dilke*.

Le vocatif *sir*, employé seul, a pour nominatif *Mr.*, *mister*, qui s'emploie aussi au vocatif, mais accompagné du nom. Les enfants de la campagne appellent le curé ou tout gentleman, *master:* c'est un autre sens, plus respectueux, et un vocatif sans accompagnement.

Madam, avec l'accent sur *ma*, s'adresse aux demoiselles aussi bien qu'aux dames. C'est un vocatif sans accompagnement. Avec le nom, il faut employer *miss* pour les premières, *mistress* (prononcé *missis*) pour les secondes. L'aînée des sœurs, maîtresse de la maison, est appelée par le domestique *missus*, sans accompagnement.

Les femmes de Lords sont appelées *lady* avec le nom ; leurs filles, *lady* avec le prénom. Ce serait les offenser que de les appeler *miss*. On dit également, sans nom ni prénom, *milady*. Mêmes observations pour *lord*.

A un groupe de femmes quelconques on adresse la parole par *ladies*, placé avant l'appellation masculine : *ladies and gentlemen*. On désigne une dame quelconque par *lady*, à la troisième personne : *this lady* (cette dame).

Puisque l'occasion s'en présente, un mot, en passant, sur la *miss* anglaise.

Sans contredit, l'Angleterre est le pays aux filles charmantes, et qui le seraient bien davantage encore si elles n'avaient la passion du mariage.

Plus nombreuses que les hommes, puisqu'il en naît davantage et qu'elles émigrent moins, vivant moins au dehors, généralement sans situation hors du mariage par le fait des lois de succession, leur grande affaire est de jouer au mari. Malheur à celui qui laisse entrevoir cette possibilité, surtout s'il donne un gage quelconque ! La loi ne l'oblige pas au mariage, mais à de gros dommages et intérêts. De là, nombre de procès scandaleux, au cours desquels la tant vantée pudibonderie britannique se révèle singulièrement éhontée.

Celles qui se marient, — et l'on sait que cela se fait aisément, par une simple déclaration d'âge devant un clergyman, autrefois, dans un village d'Écosse, chez le forgeron de Gretna Green, aujourd'hui plus régulièrement et sans le concours de l'Église devant un *registrar*, — celles, dis-je, qui se marient, ont un recours que nous n'avons pas, le divorce, et de plus, sans divorce, depuis 1878, une séparation légale. Mères de famille, le mariage et la maternité les satisfont, elles engraissent, prennent des mentons de matrones qui souvent ne manquent pas de fraîcheur. Mais il peut arriver que, les enfants entre les mains des bonnes ou au collège, monsieur retenu dans la Cité ou à son club, le traintrain de la direction de la maison et des visites journalières ne suffise pas à occuper l'esprit de madame : elle devient pédante, dévote, brasseuse d'affaires, protectrice des sociétés de charité, de tempérance, par-dessus tout violente, intolérante, prude et laide.

On ne se figure pas les drames secrets que couvre le glacis de ces jardins toujours verts, de ces maisons si bien fermées, de ces habitudes si bien réglées, de ces chambres propres, froides, correctes, de cette table commune où toute la famille se réunit le soir après l'heure du thé, pour lire non plus la Bible, mais des journaux ou des *magazines*.

Ceci nous amène tout naturellement à parler de « la famille » en Angleterre.

IV

LA FAMILLE

En Angleterre comme ailleurs, — quoique pourtant peut-être moins qu'ailleurs, — les usages varient selon les provinces, les classes, les localités, les personnes. Voici cependant des habitudes que j'ai observées assez régulièrement sur des points très divers et dans des familles de conditions très différentes.

Lever à huit ou neuf heures dans la classe bourgeoise : plus tôt, les ouvriers et domestiques, écoles et *scholars;* plus tard, peu de personnes, à part celles qui ont pu, et ceci est rare, passer la nuit au bal ou souper tard, ce qui n'arrive guère que dans le monde interlope des Breda Streets d'outre-Manche.

Après le lever, lavage à l'eau froide de la partie supérieure du corps ou même de tout le corps. Cette habitude hygiénique me paraît contribuer pour beaucoup à la force du tempérament des Anglais.

A neuf heures, le *breakfast,* le déjeuner, est servi dans des plateaux, sur la grande table carrée du *dining room* (salle à manger). Il se compose essentiellement de café au lait et de tartines beurrées. Le café anglais a peu d'arome, mais beaucoup de saveur, une saveur âcre, qui est adoucie par un nuage de crème. Pris ainsi après complète ébullition, et avec peu de lait, il est nourrissant et tonique.

On le remplace souvent par le thé, et généralement thé et café sont simultanément préparés. Les meilleures maisons fournissent à leurs clients d'excellent thé à trois shillings la livre, et l'on en trouve dans certaines maisons de demi-gros, de fort bon à deux shillings. Le thé vert n'est employé que fort rarement. Les grands débits offrent des sortes très variées de thé noir, dont quelques-unes sont de véritables parfums qui ne sauraient être utilisés séparément et qui ne sont même introduits qu'en très petite quantité dans les mélanges. Ces thés extraordinairement parfumés restent dans les prix ordinaires.

L'art de préparer et de verser le thé est l'un des grands talents de la ménagère. La feuille de thé sert jusqu'à épuisement de ses sucs dissolubles. La théière en est à moitié remplie par les additions successives qui y sont faites sans qu'elle soit vidée, et quand elle est vidée, le détritus qu'on en retire est jetée dans la bouillotte, où il subit une complète ébullition dans l'eau qui sera ensuite versée sur des feuilles nouvelles. L'infusion communique à l'eau le parfum et la saveur ; mais l'ébullition seule dégage du thé des substances plus solides, qui donnent du corps et du moelleux à la liqueur et la rendent, surtout par leur mélange à des aliments gras, extrêmement nutritive.

Aussi le thé est-il devenu la moitié de la nourriture des classes pauvres, et certains hygiénistes le préconisent comme pouvant presque, s'il est accompagné de tartines bien grillées et bien beurrées, suppléer tous les autres aliments. Mais la tartine de pain et le beurre manquent à beaucoup de familles, lesquelles ne vivent que de thé inférieur et de pommes de terre bouillies à grande eau, avec une pinte de porter piqué ou d'ale terne comme luxe des jours de fête.

Notons que ces deux produits, qui sont devenus le fond de l'alimentation des familles peu fortunées en Angleterre et en Irlande, le thé et la pomme de terre, y sont d'une introduction récente. Le thé, au commencement de ce siècle, était une délicatesse des tables riches. Quant à la pomme de terre, apportée d'Amérique, comme l'on sait, au siècle dernier, elle est non seulement aujourd'hui le pain de l'Irlande, mais l'accompagnement obligé de tous les mets sur toutes les tables.

J'ai tort d'en parler ici toutefois ; car elle ne figure guère au breakfast, dont les mets ordinaires sont les œufs sur le plat, le jambon cuit en petites tranches dans la fumée de la houille, et les harengs marinés.

J'oubliais de dire que le nuage de crème est indispensable au thé comme au café. La crème est placée près de la théière dans un pot minuscule où la quantité est censément remplacée par la qualité. C'est réellement la crème du lait, et en la savourant on se demande quel sera l'usage du lait ainsi écrémé. Quant au beurre, il est blanc, peu façonné. sent le pis de la vache, et coûte peu.

Le pain est mal fait, immangeable quand il a durci, savoureux quand il est tendre et sent bien le froment. On le supplée par des pâtes, ou cuites à la maison, ou achetées toutes prêtes et qu'il n'y a plus qu'à présenter au feu pour qu'elles s'attendrissent et que le beurre en découle le long des doigts.

Le breakfast dure peu, comme tous les repas anglais. Les gentlemen qui en sortent vont, à la première occasion justifiant l'entrée au public house, se réconforter de deux ou trois grogs composés d'un demi-verre à pied de brandy excité par une addition de la moitié de cette quantité d'eau chaude. Puis ces messieurs vaquent aux affaires ; les dames, de dix heures à midi, aux visites peu cérémonieuses et aux provisions si elles dirigent leur ménage, ou, dans le cas contraire, à cette grave occupation des ladies qui n'en ont pas d'autres, consistant à parcourir les magasins où elles n'ont rien à acheter, mais où elles ne laissent pas de donner quelques ordres au gré de la fantaisie du moment. Cette sérieuse opération s'appelle *shopping*.

Il n'est pas rare qu'au cours de la promenade, madame et sa fille aînée entrent dans une boutique de pâtissier, s'asseyent et trempent le bout de leurs doigts gantés dans la crème de quelques gâteaux. Les jeunes misses restées à la maison, sur les onze heures, arrosent des biscuits d'un verre de porto ou de sherry ; ou, si elles sont sorties avec leurs mamans, elles achètent des pommes ou des oranges, et y mordent à belles dents le long du chemin.

A une heure, se rassemble toute la famille, y compris les institutrices de ces demoiselles et les *companions* de madame, lesquelles ne sont souvent que des intendantes de la maison, à défaut d'une fille aînée vouée au célibat. C'est l'heure du principal repas de la journée, du *dinner*, modestement dissimulé sous le nom de *lunch*. Le lunch se compose invariablement de deux plats de viande placés aux deux extrémités de la table, où président le maître et la maîtresse de la maison, et à leur défaut, là l'aîné des fils présents, ici l'aînée des filles. Vous choisissez celui des deux plats que vous préférez, et l'on vous en sert autant de fois que vous le désirez, jamais de l'autre.

C'est ordinairement un énorme rôti, cuit au four avec de l'eau et absolument fade. Il est précédé de quelque soupe verte, maigre, aux aromates, pleine de petits morceaux de bois, douée d'autant de saveur que le rôti en a peu. Celui-ci vous est découpé en tranches dont la minceur suffirait pour en supprimer le goût, mais dans des assiettes chaudes.

Benjamin Disraeli demande quelque part pourquoi les Français, qui font la meilleure cuisine du monde, la mangent froide. C'est une affaire de porcelaine. La porcelaine anglaise, qui n'a point le brillant cristallin de la nôtre, supporte tous les degrés de chaleur du fourneau ou de la cheminée. Que ne demande-t-on aux Anglais pourquoi, dans cette vaisselle si bien chauffée, ils mangent la plus abominable cuisine de la terre?

Toutes sortes de légumes sont servis dans des plats couverts. D'abord les inévitables pommes de terre, qu'ils ajoutent même au poulet. Puis les choux, qu'ils aiment le plus verts et le plus âpres possible. Puis les choux-fleurs, les topinambours, les citrouilles, les épinards. Jamais d'oseille : ils en ignorent l'usage. Puis des haricots verts, qu'ils coupent en long par le milieu, et font cuire, comme tous les autres légumes, à grande eau, sans sel ni poivre ; des pois verts, cuits de même, mais infectés de menthe, qui les rends plus verts ; des pois-chiches, des panais, de gros haricots à fleurs. Ils ne connaissent pas le haricot ordinaire, ni rouge ni blanc, et ne mangent que ceux que nous réservons à nos parterres.

Certains plats comportent leur sauce ; ce sont les étuvées, quoique je n'aie jamais bien pu comprendre la différence de goût de leur jus de rôti, uniforme pour tous les rôtis, et de la sauce de leur étuvées, uniforme pour toutes les étuvées. Je dois constater cependant, pour être juste, que le lapin en sauce blanche à un caractère original. Les sauces blanches sont faites avec du lait. Le lapin est du lapin de choux, que l'on préfére au lapin de garenne, parce qu'il est plus blanc. On méprise le lapin de garenne, qui ne comprend pas la sauce au lait ; on le tue tout petit comme de la vermine.

Je dois mentionner aussi des sauces spéciales faites avec de la sauge ou d'autres aromates bizarres. Une cuisinière anglaise n'ayant pas la plus petite idée de ce que c'est qu'un roux ni des moyens simples de donner de la saveur aux mets par un apprêt des ingrédients ordinaires, ils ne connaissent pas autre chose, pour varier leurs sauces fadasses, que de s'adresser au pharmacien ou à l'herboriste.

Et puisque je suis sur le chapitre de leurs talents culinaires, je dois les mettre en garde contre les prétendues leçons de cuisine que de savants professeurs, honteux de cette infériorité du goût anglais, leur offrent gratuitement au musée de Kensington et en autres lieux. Des savants de cabinet ou de laboratoire enseignant la cuisine, c'est un comble ! Et quelle cuisine ! Ils jetent un os dans une marmite pleine d'eau, ajoutent des pommes de terre, du persil et des aromates, font bouillir cinq quarts d'heure et servent chaud aux assistants, qui trouvent très bon et s'en vont convaincus de posséder le secret du pot-au-feu de France. Il est vrai que, si l'on parvenait simplement à leur apprendre à ne pas jeter l'eau dans laquelle ils ont fait bouillir leur viande ou leurs légumes, mais à en tirer quelque parti, on n'aurait pas tout à fait perdu son temps.

En attendant, défiez-vous des sauces singulières qui vous sont offertes comme complément du rôti, et n'en inondez votre assiette qu'à bon escient. Rejetez-vous plutôt sur les sauces exotiques qui sortent bouchées de l'épicerie. Il y en a pour tous les mets et de toutes les couleurs, avec des *pikles* contenant tous les légumes de la création conservés dans le vinaigre, la moutarde et le poivre de Cayenne, qui est le condiment universel et nécessaire de toute cette cuisine préparée sans sel ni poivre.

Mais pour ce qu'il me reste à dire, une observation préalable est indispensable. C'est que l'assiette que vous avez devant vous n'est pas une assiette, c'est un plat profond à larges bords, et vous allez en comprendre l'utilité. Les tranches minces comme du carton ordinaire qui vous ont été servies en occupent le fond, baignant dans une sauce fade, qui est brune, et à laquelle vous avez été libre d'ajouter une autre sauce fade, qui est blanche. Maintenant, sur le pourtour, vous disposez délicatement : 1° du sel, 2° du poivre noir, 3° du poivre rouge, 4° de la moutarde, que l'on vient de préparer devant vous avec des petits paquets de poudre blanche, 5° des

LONDRES. — OMNIBUS. — STATION.

pommes de terre, 6° des choux verts comme des épinards, 7° tous les autres légumes de la saison. 8° des pikles. Vous arrosez le tout d'une sauce rouge ou noire, celle-ci en flacons, où le poivre de Cayenne domine ; puis le travail du couteau et de la fourchette pour les mélanges variés de ces divers ingrédients commence, et vous mangez. Mais vous ne buvez pas.

J'oubliais de parler du pain. Il est vraiment peu nécessaire avec ce mastic, et plusieurs de vos convives s'en passent absolument. On vous en offre un morceau gros comme une tartelette, et si vous en redemandez, vous désorganisez tout le service.

Pour cette raison, et pour beaucoup d'autres, je vous conseille, quand vous acceptez un dîner anglais, de vous lester confortablement auparavant. Leur dîner est une cérémonie, dont tous les actes sont réglés, qui dure au plus une demi-heure, durant laquelle vous serez en butte à de perpétuelles interrogations. Vos hôtes, vos hôtesses surtout, ne mangent que du bout des dents, ne touchent à rien : elles se rattraperont tantôt à l'office. La table est couverte de fleurs, de fruits délicats,... pour le coup d'œil. Si vous touchez plus qu'il ne convient à ces beaux raisins de serre de Jersey, vous êtes un homme perdu. *Aôh shocking !* Cette invitation aura été la dernière.

Mais j'anticipe sur l'ordre du festin. Je n'ai pas parlé de la salade. Et pourtant une salade anglaise vaut la peine d'être citée. Ce n'est pas une salade comme les autres. Il est entendu qu'un Anglais ne peut imiter ni nos salades ni nos omelettes. Qu'est-ce donc que la salade anglaise ? Rien de plus simple. La laitue ou la romaine, plus ou moins nettoyée, et coupée en petits morceaux, et vous en mettez dans votre assiette autant qu'il vous plaît. Quoi ! sans sel ni poivre ? Le sel et le poivre sont à votre disposition, ainsi que tous les autres ingrédients, même du vinaigre ; jamais d'huile.

Je dois confesser, avant d'arriver au dessert, que l'habitude commence à se répandre, dans les bonnes maisons, de faire rissoler les pommes de terre après les avoir bouillies et de les servir en croûtes dorées. Même de petits débitants exotiques installés à des coins de rue enseignent aux fillettes d'atelier les délices de la pomme de terre frite : voilà un enseignement qui ira plus loin que celui des cuisiniers en chaire de Kensington.

L'artichaut est à peu près inconnu. Je l'ai vu essayer de manger par la pointe verte. Les tomates se répandent, et l'on y prend goût, mais on ne sait point les préparer.

Le dessert froid est placé sur la table dès le commencement du repas dans des vases élégants qui font pendant à la brillante verrerie. On apporte au moment voulu, après avoir changé les couverts et nettoyé toutes les places à l'aide d'une brosse et d'un panier, les *pies,* les *puddings* et les *tarts*. Il y en a d'exécrables; il y en a d'excellents. Je classe dans la première catégorie un certain pâté fait des résidus gras des viandes mêlés de farine. Les pommes et la rhubarbe cuites dans la pâte sont un mets délicieux. Le riz est généralement cuit à l'eau avec un jaune d'œuf, ce qui est un mélange très fade. Le Christmas pudding, mélange de toutes sortes de fruits, principalement de poires, de raisins secs, de raisins de Corinthe, de tranches de limons glacés et d'angélique, avec des pâtes graissées et parfumées, subit une élaboration de quinze jours avant Noël. C'est l'accompagnement obligé de l'oie traditionnelle, pour laquelle ceux qui ne peuvent se la procurer seuls, se cotisent longtemps d'avance au public house.

Le thé se prend généralement à cinq heures, accompagné de pain beurré, des pâtes appropriées, de pâtés, de fruits, de viandes froides. Quelques maisons dînent à six heures, d'une façon qui se rapproche de la manière française.

Souper de neuf à onze heures, où reparaît le

stilton qu'on a servi à la fin du lunch avec du beurre et des radis. Le maître de la maison le creuse religieusement dans la partie la plus mangée aux vers et le sert par parcelles comme une denrée précieuse.

A tous les repas on boit généralement de l'eau, mais peu, comme pour humecter la bouchée de pain que l'on mange; on les termine par un verre de bière ou de vin d'Espagne, plus rarement de claret. On ne comprend rien à la délicatesse des vins français; les vins alcooliques de Xérès ou de Porto, ou du moins ce qu'on fabrique à Londres sous ce nom, leur paraissent bien supérieurs.

Les enfants se couchent de bonne heure, les adultes tard, rarement avant minuit ou une heure. Les réunions sont nombreuses et assez gaies. Toutes les soirées d'une lady sont engagées un mois d'avance. L'usage du thé substitué au dîner rend les soirées moins onéreuses, moins pénibles, plus intelligentes et plus intellectuelles à la fois. Si les messieurs n'allaient pas trop à leur club ou dans les réunions prétendues sérieuses, cette vie de familles en mouvement perpétuel de l'une à l'autre serait une douce chose. Il est vrai que les dames suivent exactement l'exemple de leurs maris: elles vont aux réunions scientifiques ou littéraires, aux expositions de peinture, aux expériences physiques, aux cabinets d'histoire naturelle. Tout cela d'une richesse inouïe; les plus opulentes personnes de la ville mettent leur orgueil dans ces exhibitions de premier ordre. Les jeunes misses sortent, de leur côté, pour aller aux cours universitaires. Ainsi se détruit la famille, et se vide la maison.

Voilà, à très grands traits, esquissée la vie de famille. — Et ceux sans famille ?... le populaire ?... Moins que le populaire, les bas-fonds ? ...

— Tout ce monde boit. Tenez, une simple silhouette détachée du tableau aux tons multiples et changeants de la société anglaise : ce avec quoi on se grise en haut, ce avec quoi on se soûle en bas. — Les buveurs d'eau n'en sont pas exclus.

Puisque votre qualité d'étranger vous sert d'excuse, affrontez sur le tard le calme glacial des trottoirs vides, des façades muettes, des châssis baissés, des rideaux sombres. Le pas lourd du constable de la petite ville vous avertit par son isolement qu'il est l'heure, pour vous aussi, de faire le mort... Cependant ne vous y fiez pas. Des jets de lumière se décèlent par les interstices des battants entrebâillés du *Tap house*. Un peuple est là, derrière la devanture discrète, pressé, enfumé, debout, ne conversant pas, ne pensant pas, se battant ne songeant pas, — buvant.

Question énorme !

Un droit fondamental du peuple anglais est attaqué avec ferveur, défendu avec énergie :

— Le droit de boire.

Sa Révérence le Thé lance ses foudres contre les substances fermentées ou fermentescibles, *intoxicating*. Les excommuniés forment une ligue redoutable. Leurs Honneurs le Port Wine et le Sherry président le clan ; le *Tchampaigne,* le Claret et le divin Brandy chers à la caste noble sont à l'aile droite. Le centre est composé des épais bataillons du fort Stout et du brillant Bitter Ale dont se délecte la classe bourgeoise et marchande. Sur la gauche grincent les cris stridents du pâle Whisky, du terrible Gin et de leurs succédanés de moindre étage, avec lesquels s'empoisonne le populaire.

Meetings d'une part : buveries de l'autre. Là est la respectabilité : ici est le nombre.

En vain se multiplient les efforts des sociétés de tempérance, des alliances au gosier prude des *teetotalers* qui prêchent en plein vent : l'éloquence du *Tchampaigne* et du comptoir d'étain est plus puissante que toutes les homélies des buveurs d'eau.

Comment Sa Grâce la Tisane chinoise ose-t-elle attaquer tant d'adversaires, et qui ne sont pas cantonnés seulement au *public house,* mais possèdent un noble état-major de *rooms* aristocratiques et de clubs bien hantés ? La follicule exotique, devenue normande, procède par distinction. L'intoxication pourvue et apparentée trouve grâce devant l'herbe prédicante ; elle n'extermine que les alcools roturiers, les fermentations prolétaires. Le pauvre n'a ni les larges hôtels à pavillons inégaux et à péristyle dorique, ni les salons épiant au loin par leur avançage trilatéral, ni les tapis étouffant les pas des jeunes misses, ni les réverbérations bleues de la houille cristalline dans les miroirs de cuivre du foyer. Il n'a ni les vestes rouges pour courre les chasses savantes, ni les pouliches aux flancs maigres pour franchir les étangs boueux, ni les conserves délicates dans l'élixir d'Hennessy ou de Martell, ni les vins de Hongrie, ni les vins d'Ibérie, ni les vins de France... Il est donc juste qu'il boive de l'eau.

Comment finira cette illustre querelle ? C'est demander comment finira l'Angleterre. Les frères ennemis descendront sans doute ensemble aux sombres bords, John Tea toujours prêchant et Jack Half and Half toujours buvant. Car depuis l'époque saxonne, dure cette lutte de l'Angleterre contre elle-même, de sa raison contre son tempérament.

L'Anglais est le produit, la « résultante », si on préfère, de son éducation nationale et religieuse.

Il est donc indispensable, pour, en connaissance de cause, apprécier convenablement la nation anglaise, d'étudier les deux causes premières de son caractère absolument distinct de celui de tous autres peuples : son éducation nationale, son éducation.

Commençons par la religion.

V

L'ÉDUCATION RELIGIEUSE

Il est impossible à un Français de se rendre un compte exact de la fonction religieuse en Angleterre, à moins qu'il ne renonce à ses propres habitudes d'esprit soit favorables soit contraires à l'Église telle que nous la connaissons chez nous. Car les deux points de vue sont si parfaitement dissemblables, qu'on ne saurait trouver des deux parts ni les mêmes causes d'animadversion, ni les mêmes motifs de faveur. Quant au protestantisme, tel qu'il subsiste encore au milieu de nous, malgré la révocation de l'édit de Nantes, réduit à un état perpétuel d'exception et d'opposition, jusqu'au jour où il a été débordé par les conceptions plus larges de l'esprit scientifique, il n'a jamais présenté sur notre sol ces caractères organiques par lesquels une institution religieuse devient l'âme d'une société.

Malgré l'analogie possible de certains dogmes, il pourrait encore moins que notre Église catholique servir à nous faire comprendre le mouvement et l'organisation religieuse de l'Angleterre.

Depuis longtemps l'Église a perdu en France son caractère national. Cette ancienne expression : *Église de France*, n'a plus de sens dans la langue de notre temps; et l'ignorance même est si générale à cet égard que l'on confond généralement cette idée archaïque avec celle du gallicanisme, qui en est cependant séparée par un abîme, par la toute-puissance de l'État. Lorsque Henri IV eut définitivement établi cet absolutisme monarchique, qui n'a fait que croître sous tous les régimes que nous avons traversés, une Église nationale n'eût pu être en France qu'un corps administratif du plus bas caractère, et il ne resta à l'Église d'autres moyens de maintenir sa dignité que de se faire ultramontaine. Mais en perdant son caractère national, elle a perdu la plus grande partie de sa puissance sociale et de sa fonction intellectuelle : la science et l'instruction, la direction morale du peuple, sont sorties de l'Église pour n'y plus rentrer. Le Concordat, en lui communiquant un caractère officiel, lui a ôté son reste d'influx vital. Ce que pourrait être en France une Église presbytérienne nationale et libre, nul ne le sait; mais l'épiscopalisme doublement officiel inspiré par Rome, nommé et payé par l'État, qui prétend encore faire fonction d'Église à côté de notre tribune publique et de nos écoles, a pour toujours perdu sa puissance directrice sur les facultés actives et hautes de ce peuple.

L'Angleterre a résolu tout différemment les mêmes problèmes. Par sa rupture avec Rome, l'Église anglicane s'est totalement jetée aux mains de l'État; mais l'État n'ayant en Angleterre rien de l'absolutisme que nous lui avons donné en France, elle participe à la liberté de fait, sinon de droit, dont jouissent toutes les institutions sociales en Angleterre. Elle est donc nationale, et en même temps libre; elle est à ce double titre, active, puissante, riche, respectée; elle marche à la tête de la science et des idées; elle dirige l'enseignement; elle prend la plus large part à toutes les initiatives supérieures de la conscience nationale et de l'esprit public.

Ce n'est pas que tout soit à admirer dans l'Église d'Angleterre; certainement non. Là comme ailleurs il y a des évolutions nécessaires et des décadences fatales. Mais avant de lui demander où elle va, voyons ce qu'elle est. Les détails rigoureux, les chiffres même doivent être relevés. Je voudrais éviter d'être sec; il faut cependant être précis.

L'Église nationale d'Angleterre, l'Église établie, *established*, c'est-à-dire fondée sur un statut politique, officielle, se qualifie de *protestante épiscopale,* le premier terme dirigé contre Rome, le second opposé aux presbytériens et à plus forte raison aux sectes radicales qui ne reconnaissent aucune sorte de clergé. Cependant la plupart de ses membres se disent catholiques et apostoliques, et prétendent que leur religion ne diffère de celle de la majorité des Français qu'en ce sens qu'ils ne sont pas romains. Aussi appellent-ils généralement ce que nous entendons par catholicisme, le *romanisme.* Ne dites pas, du reste, à un anglican que ses coréligionaires se sont séparés de l'Église sous Henry VIII ; il vous répondrait que l'Angleterre est demeurée fidèle à sa tradition religieuse, que l'Église d'Angleterre remonte au temps des apôtres, que ce n'est pas elle, mais Rome qui a dévié de la règle primitive, et que ce n'est pas sa faute si, par le fait des prétentions romaines et de la décadence de la foi sur le continent, la séparation est devenue nécessaire.

Les doctrines fondamentales de l'Église anglicane sont contenues dans les célèbres trente-neuf articles que rédigea la convocation de 1562 et qui furent revisés et définitivement adoptés en 1571.

La Reine, qui porte le titre officiel de défenseur

de la loi, *fidei defensor*, est légalement le chef (*governor*) suprême de l'Église. Elle possède le droit, réglé par le Statut de Henry VIII, de nommer aux archevêchés et évêchés vacants. A cet effet, elle adresse au doyen et au chapitre du siège vacant un *congé d'élire* (l'expression française est dans l'Acte), avec le nom de la personne qui doit être élue; après l'élection, l'assentiment et la confirmation royale sont délivrés sous le grand sceau.

Outre la Reine, le Lord Chancelier, le Prince de Galles, le haut clergé, les chapitres et les Universités, le nombre des Lords, *gentlemen* et *ladies* qui jouissent du droit de présentation à un bénéfice ecclésiastique et de patronage est d'environ trois mille huit cent cinquante. Quelques corporations urbaines en jouissaient également avant 1835, mais elles l'ont perdu à cette époque. Les Universités ont seules la présentation d'un bénéficiaire catholique romain, et la Reine celle des étrangers.

Vers le milieu de 1878, on estimait, en Angleterre, à environ treize millions et demi le nombre des membres de l'Église officielle, laissant en dehors onze millions d'habitants pour les autres confessions. Les principales sectes dissidentes, parmi les protestants, sont les Wesleyens ou Méthodistes, les Indépendants ou Congrégationalistes et les Baptistes.

L'Église Wesleyenne est subdivisée en Méthodistes anciens et nouveaux, Primitifs et d'Église libre (*Free Church*), Chrétiens de la Bible et diverses autres sectes. Elle possède plus de neuf mille chapelles; les Indépendants en ont trois mille cinq cents, et les Baptistes, deux mille.

Les sectes les plus importantes après celles-là sont les Unitariens, les Moraves et les membres de Société des Amis ou Quakers. On ne compte, en Grande-Bretagne, pas moins de cent quarante *dénominations* religieuses.

Les catholiques romains d'Angleterre étaient, en 1877, au nombre d'un million; leur nombre s'accroît, surtout dans les hautes classes de la société. Les monuments du culte de cette Église sont appelés chapelles, *chapels*, comme tous ceux qui n'appartiennent pas à l'Église officielle, laquelle réserve à ses temples la qualification de *church*. Le nombre de ces chapelles était, en 1877, de mille trente-neuf en Angleterre et de deux cent trente-trois en Écosse, avec mille huit cent dix et deux cent cinquante-huit desservants respectivement. Elles forment en Angleterre douze diocèses composant la province de l'archevêque catholique de Westminster, et en Écosse trois vicariats apostoliques administrant les districts de l'Est, de l'Ouest et du Nord.

L'Église protestante d'Écosse, dite *presbytérienne*, diffère à beaucoups d'égards de l'Église *épiscopale* d'Angleterre. C'est une parfaite démocratie, dont tous les membres sont égaux; aucune prééminence spirituelle d'aucune sorte n'y est admise. Il y a dans chaque paroisse un tribunal paroissial (*Kirk session*), composé du ministre, qui préside, et d'un plus ou moins grand nombre d'individus, dont deux, toutefois, doivent toujours être choisis comme anciens (*elders*). La principale fonction de ces derniers est de diriger les affaires des pauvres et de visiter les malades. La *session* intervient dans certains cas de scandale, cite les parties devant elle et inflige des pénalités ecclésiastiques. Mais les parties qui se considèrent comme lésées peuvent appeler de ses décisions au *presbytère* où est située la *session*. On donne ce nom à des tribunaux ecclésiastiques supérieurs, subordonnés eux-mêmes à l'Assemblée générale, composée de trois cent quatre-vingt-six membres partie clercs partie laïques, délégués par les presbytères, les bourgs et les universités, et qui siège en mai pendant dix jours, laissant à une commission permanente le soin des affaires qui n'auraient pas été réglées durant cette période.

Les dissidents, en Écosse, comprennent de la moitié aux deux tiers de la population. Le plus important de leurs corps est l'Église libre (*Free-Kirk*) formée par la sécession de 1843. Puis vient l'Église presbytérienne unie, issue d'un amalgame récent de diverses sectes, dont quelques-unes remontent jusqu'à 1741. Il y a aussi, comme en Angleterre, des Baptistes, des Indépendants, des Méthodistes et des Unitariens. Le nombre des catholiques s'y est beaucoup accru pendant ces dernières années, surtout par un influx de population irlandaise. On remarque aussi le développement d'une église épiscopale comprenant une grande portion de la noblesse et de la haute bourgeoisie, et qui comptait, en 1876, soixante-cinq mille membres.

Le nombre des juifs, en Grande-Bretagne, était estimé, en juin 1876, à cinquante et un mille deux cent cinquante, dont trente-neuf mille huit cent quatre-vingt-trois résidaient à Londres.

Le cens de l'Irlande, au 3 avril 1871, donnait quatre millions quatre cent onze mille neuf cent trente-trois catholiques romains, six cent quatre-vingt-trois mille deux cent quatre-vingt-quinze épiscopaux protestants (proprement, l'Église protestante d'Irlande, analogue à l'Église anglicane, sauf le caractère officiel), cinq cent cinquante-huit mille deux cent trente-huit presbytériens, quarante et un mille huit cent quinze méthodistes, quatre mille quatre cent quatre-vingt-cinq indépendants, quatre mille six cent quarante-trois baptistes, trois mille huit cent trente-quatre quakers, deux cent cinquante-huit juifs, et dix-neuf mille trente-cinq individus appartenant à diverses autres sectes. La plupart de ces chiffres doivent être aujourd'hui un peu moins élevés, la population de l'île ayant, de 1871 à 1879, diminué de vingt-trois mille trois cent quatre-vingt-quatre, à moins que le mouvement d'augmentation qui s'est produit à partir de 1876 n'ait depuis deux ans achevé de combler cette distance.

Il n'existe pas moins de divisions au sein de l'Église officielle que parmi les sectes dissidentes. Chaque paroisse a des règles qui lui sont propres. Ainsi, parmi les huit cent cinquante-quatre églises de Londres, quatre cent cinquante-huit donnent la communion le matin, deux cent quarante-six la donnent le soir; quarante-deux la donnent chaque jour, trois cent quatre-vingt-dix une fois seulement par semaine; deux cent quarante-trois ont un service quotidien, cent trente-huit un service dominical seulement ; quatre cent quinze célèbrent les offices des saints ; cent-vingt ont des chants religieux pour la communion, cinquante chantent seulement les psaumes, et le service n'est complètement chanté que dans deux cent soixante-et-une ; le chant grégorien n'est adopté que dans cent quinze églises, et dans quelques-unes d'entre elles il ne l'est que partiellement ; les chantres sont payés, généralement ou partiellement, dans deux cent vingt églises, dans trois cent quatre-vingt-six ils ne le sont pas ; les chœurs portent le surplis dans trois cent cinquante-cinq, les prédicateurs dans quatre cent soixante-trois ; les vêtements sacerdotaux ne sont usités que dans trente-cinq ; quatre-vingt-dix-neuf placent des cierges sur l'autel, et cinquante-huit seulement les allument ; quatorze brûlent de l'encens ; cent trente-huit décorent l'autel de fleurs ; dans cent soixante-dix-neuf, le pasteur, pour célébrer la communion, se tourne vers l'orient ; cent vingt-trois restent ouvertes pendant le jour, quatre cent soixante-trois font une quête chaque semaine, dans deux cent cinquante-deux les places sont gratuites. Il y a d'autres distinctions encore ; on n'en saurait épuiser la liste.

Je donne à dessein tous ces détails, quoiqu'ils n'aient pour nous, par eux-mêmes qu'un mince intérêt, parce qu'ils montrent à la fois ce caractère individualiste que l'Anglo-Saxon introduit dans tous les actes de la vie sociale, et la nature des préoccupations toutes formalistes qui dominent dans l'Église officielle d'Angleterre.

Bien que les Anglais l'appellent encore *nationale*, expression qui du reste ne signifie pas ici autre chose qu'*officielle*, son caractère national, dans le sens français du mot, est certainement aujourd'hui bien inférieur à ce qu'il était au moyen âge. Sa dépendance déférente vis-à-vis de Rome ne lui ôtait point sa tendance originale et populaire. Tout aussi loin que remontent ses traditions à l'époque de la domination saxonne et même au delà, nous y voyons une émanation franche et directe de l'esprit local. Le mouvement communal se produit en France en dehors de l'Église, parfois même contre l'Église, en tant qu'elle participe aux privilèges de la féodalité ; en Angleterre, au contraire, l'établissement de la civilisation s'identifie avec la création et le développement de la paroisse ; l'Église s'y trouve partout à la base du système social, et depuis le début de l'histoire jusqu'à nos jours, dans chaque village, microcosme de la constitution et de la nation, le clergyman, l'homme de l'Église, exerce, en dehors de ses fonctions ecclésiastiques, celles de chef du peuple : il est seigneur de sa cure, agriculteur, professeur, médecin, homme d'affaires, caissier de l'épargne, conseiller du paysan, gardien des pauvres, édile, receveur de taxes, homme de science, homme d'État. Il est un rouage administratif, politique, social, si indispensable, qu'une des raisons qui maintient l'Église est l'impossibilité de le remplacer dans ces diverses fonctions. D'ailleurs, son indépendance et sa puissance reposent sur de riches dotations dont le respect fait, aux yeux de tout Anglais, partie du pacte constitutionnel. Et cependant le rôle actuel de l'Église, en tant que protectrice du peuple, n'est qu'une faible réduction de ce qu'il fut au moyen âge. Alors que, par son alliance avec la royauté, elle s'était substituée aux grands barons comme pouvoir politique. Voici, en résumé, comment Benjamin Disraeli, dans ses romans politiques, parle de la manière dont elle exerça ce pouvoir :

« La période marquée par la prédominance ecclésiastique fut pour le peuple anglais la période la plus heureuse de son histoire. Le caractère d'une Église, c'est l'universalité. Elle est le représentant supérieur naturel du peuple. Ses biens sont les biens du peuple. Elle est l'intermédiaire par lequel les classes méprisées et dégradées affirment la native égalité de l'homme, et revendiquent les droits et le pouvoir dévolus à l'intelligence. L'Église anglicane, aux heures les plus sombres de la domination normande, put faire du fils d'un colporteur saxon un primat d'Angleterre et placer sur le trône des Césars un paysan du comté d'Hertford, Nicolas Breakspear. La religion avait alors pour objet de satisfaire aux nobles besoins de la nature humaine. Par ses fêtes, elle adoucissait le travail et les mœurs. Elle conviait tout le peuple sans distinction aux pompes de ses temples, merveilles de l'art humain. L'Angleterre seule possédait en monastères, chapelles, grands hospices, plus de trois mille monuments d'une exquise beauté. Les moines dépensaient leurs revenus en travaux d'utilité publique. Leurs plantations et leurs constructions, tout avait de la grandeur et était fait pour la postérité. Leurs églises, leurs collèges, leurs bibliothèques, leurs jardins, leurs fleuves, leurs eaux, leurs forêts, tout portait la marque d'une intelligence supérieure. »

L'histoire de ces moines a été écrite par leurs ennemis. La vérité est que leur administration des terres fut douce au peuple. Ils ne prélevaient sur les fermes qu'une faible rente. Les fermiers pouvaient, — droit capital pour leur stabilité et leur dignité, — renouveler les contrats avant échéance. Le propriétaire, corporatif, ne changeait jamais : des changements de mains, par vente ou par succession, naissent les principales vexations et les incertitudes du fermage moderne. Les moines, ne possédant rien individuellement, n'accumulant point, ne léguant point, coûtaient peu ; le gros produit des terres restait au peuple. Les moines ne s'absentaient pas, travaillaient de leurs mains, secouraient. Sans soucis qui leur fussent propres, ils étaient pour autrui gens de bon conseil et de protection. Sous ce régime, le pays n'était pas divisé, comme de nos jours, en deux classes : celle des maîtres et celle des esclaves. Entre le luxe et la misère, il existe un terme moyen. Le *comfort* anglais était une réalité, non un vain mot. Il résulte de documents certains que le paysan mangeait tous les jours de la viande, ne buvait pas d'eau, était logé sainement et vêtu de bonne laine. Ce peuple anglais était le plus franc, le plus libre, le plus brave, le plus religieux, le plus heureux, le plus joyeux peuple de la terre.

La plupart des moines étaient eux-mêmes sortis des rangs du peuple. La liste des abbés mitrés, lors de la suppression des ordres, montre que la grande majorité des chefs de leurs maisons étaient de familles populaires. Ils avaient fait cause commune avec le peuple contre les barons; le peuple, à son tour, les défendit contre leurs accusateurs. Mais ni leur voix, ni celle du peuple ne fut entendue; leurs édifices furent démolis par la poudre, une nouvelle barbarie couvrit le sol, le peuple retomba dans une servitude sans espoir, et le voyageur qui admire les ruines de leurs monuments se trompe s'il en attribue au temps la destruction : cette destruction est l'œuvre violente du brigandage des nobles modernes et de la tyrannie des rois.

Les grandes familles de 1688, gonflées du butin de l'Église, inquiètes d'avoir quelque jour à rendre gorge, cherchèrent un refuge contre leurs craintes dans le *religionisme*. Elles s'attachèrent à manœuvrer les consciences troublées ou les pieuses fantaisies d'une partie du peuple, et se firent des sectes religieuses les gardes du prétoire de leurs domaines mal acquis. Grâce à la force hypocrite du sectarianisme piétiste, elles purent à leur gré disposer des dynasties, tenir la royauté en tutelle, abroger et replâtrer les parlements, priver l'Écosse de ses franchises, confisquer l'Irlande.

Par suite de la désorganisation de l'Église, où il ne subsista que des privilèges personnels pour les créatures des nouveaux pouvoirs, on s'aperçut après la période révolutionnaire du milieu du XVIIe siècle, que les fonctions spirituelles étaient remplies d'une manière tout à fait insuffisante. Ce fut un des soins de la Restauration de signaler cette insuffisance aux évêques et aux chapitres. Alors furent institués les desservants, dont le salaire fut prélevé par les hauts dignitaires sur les prébendes des recteurs, qui portaient le titre, touchaient les revenus, mais ne remplissaient pas les fonctions. Cette ressource néanmoins parut inférieure aux besoins du culte; au commencement du XVIIIe siècle, la misère des desservants de village n'était pas un moindre scandale que leur grossièreté et leur ignorance, dont les écrits du temps nous ont laissé de curieux tableaux. Le gouvernement de la Reine Anne fut amené à affecter à l'augmentation de ce salaire, sous le nom de *Queen Ann's bounty*, une partie du revenu de la Couronne. Ce fonds subsiste encore de nos jours avec la même affectation; ses administrateurs l'emploient surtout à des prêts ayant pour but de permettre aux ecclésiastiques de reconstruire ou de réparer leur presbytère. Le minimum de traitement qu'un vicaire ou un curé est censé devoir toujours atteindre est de sept mille cinq cents francs, somme minime dans un pays où les squires du village sont considérés comme pauvres si leur revenu n'est que de soixante-quinze mille francs, assertions que je ne produis que sur des textes.

A la suite de la lutte contre Napoléon, qui, m'ont assuré des vieillards du comté de Hereford, leur avait fait manger des orties, l'Angleterre se trouva plongée dans un affaissement moral égal à son épuisement matériel; mais depuis lors le développement de l'Église, en richesse, en savoir, en moralité, a suivi, et en grande partie précédé les autres progrès sociaux. Nous parlerons ailleurs de ce qu'elle a fait pour l'instruction séculière; mais si l'on doit juger de la valeur morale d'une Église par l'empressement de son prosélytisme, il est incontestable qu'aucune confession chrétienne, à notre époque, ne fait plus d'efforts pour les progrès de la civilisation et, disons-le, des produits anglais... Sur tous les continents et dans toutes les îles, le missionnaire anglais ouvre la route soit au commerce, soit aux armées. Il existe à Londres, dans Blackfriars, une Société Biblique qui fonctionne depuis 1804. Elle possède environ treize cents succursales en Angleterre; elle en compte le même nombre au Canada, quatre seulement en Écosse, et deux en Irlande. Elle avait déjà, il y a dix ans, époque à laquelle j'ai relevé ces chiffres, débité près de quatre-vingt millions d'exemplaires, entiers ou partiels, de la Bible juive et chrétienne, en éditions de tous formats et de tous caractères, y compris celles pour les aveugles, que ceux-ci lisent à haute voix dans leurs coins accoutumés pour attirer les aumônes.

J'ai vu, à Bristol, l'un de ces aveugles confortablement établi avec ses coussins et sa grande Bible imprimée en relief, dans une niche de pierre qui date de l'époque romaine. Il paraît savoir par cœur tout son texte, et le récite avec le ton et la gravité d'un clergyman dans son église... aussitôt que l'enfant qui guette auprès de lui signale l'approche d'une lady ou d'un gentlmann. Cet aveugle, que sa femme installe le matin et vient chercher le soir, m'a paru très bien dans ses affaires.

La grande moitié de ces Bibles est naturellement en langue anglaise; le reste appartient ou du moins appartenait il y a dix ans, — le nombre a dû s'en augmenter depuis, — à cent quatre-vingt-dix-neuf langues différentes. Je recommande spécialement au choix éclairé du lecteur les éditions en *mic-mac,* en *curaçao,* en *objibwa,* en *muskokoe,* en *mpongwe,* en *oujjuyuni;* et celles en *gurumkhi,* en *canyacubja,* et en *bghai-karen,* langue très sacrée de l'empire birman, ne doivent pas non plus manquer de charme.

En vain fuyez-vous les prédicateurs que vous voyez le soir monter sur une borne d'église et s'égosiller pendant une heure au milieu d'une foule béante. Il n'est pas d'asile si retiré où quelque gentlemann en gants noirs, quelque dame au costume sombre, ne vienne vous relancer pour vous remettre de petits traités de morale religieuse, où l'on vous appelle *mon ami*, et vous prier de les lire en vue de votre salut. La partie dogmatique de ces petits traités inoffensifs n'est généralement pas très forte ; elle se résume en ces deux points . croire au Christ et à la Bible. De l'Évangile rarement est-il question, mais la Bible juive est universellement considérée comme l'abrégé de la sagesse humaine.

Affaire de sentiment plutôt que de raison. On ne discute pas la Bible, mais on chante les psaumes. Le grand poète populaire des Anglais, ce n'est pas Wordsworth, ni Byron, ni le savant théologien politique Milton, ni même l'infini Shakespeare : c'est David. L'Angleterre doit à David ses libertés politiques ; l'Écosse, ses franchises religieuses.

Il existe en Angleterre une Société, placée sous le patronage de la Reine (je puis certifier le fait, quoique bizarre), dont l'objet est de faire entendre au peuple anglais qu'il n'est autre qu'Israël et ses dix tribus rendues à la lumière, après avoir été longtemps ensevelies dans les sables de l'histoire. Les Afghans ont la même prétention, et ce qui s'est passé récemment à Caboul prouverait qu'ils ne sont pas prêts à se laisser israélitiser à l'occidentale. Un certain jour, j'eus la curiosité d'assister à une conférence faite sur ce sujet par un colonel de l'armée anglaise, dans le quartier populaire d'une grande ville industrielle. La salle était tapissée d'écriteaux portant des versets de la Bible. Je dus, en entrant, recevoir de petits livres appropriés à la circonstance : traités moraux, textes bibliques, chants et prières. Je tins bon jusqu'au moment où l'orateur, devant son auditoire grave et silencieux, s'écria avec emphase :

— On nous demande des preuves historiques, comme si la Bible n'était pas le premier témoin historique ! Cette illustre descendance du peuple anglais, c'est la Bible elle-même qui nous la déclare ; et je vais vous prouver qu'il n'y a pas un mot dans la Bible qui ne soit rigoureusement historique, pas un mot ! *not a word.*

La renaissance des études classiques et la vigoureuse poussée des recherches historiques qui sont l'un des honneurs du XIXe siècle, ont produit leurs effets, en Angleterre, à la fois sur le dogme et sur le culte, mais par trois voies et avec trois résultats bien différents.

Les uns se sont principalement attachés au sens.

Ils ont étudié le christianisme à la lueur de la religion universelle. Ils ont conservé le formulaire établi, parce que l'Anglais ne détruit jamais la forme; mais ils se sont réservé le droit des interprétations les plus larges. Aussi s'appellent-ils *Latitudinaires,* Large Église (*Latitudinarians, Broad Church*). Le célèbre doyen Stanley, qui est parvenu à faire de l'abbaye de Westminster comme le sanctuaire national de la science unie à la religion, et qui n'a pas craint d'y donner la parole au professeur Max Müller pour le développement d'idées religieuses antérieures au judaïsme, enterre lui-même, dans les paroles que je vais citer, la vieille théologie chrétienne avec une parfaite aisance, et sans lui faire l'honneur d'un monument sous son parvis.

« Qui de nous professe encore la croyance, autrefois universelle dans le royaume du Christ, qu'à moins d'une intervention d'en haut, nul être humain non régénéré par l'eau du baptême, ne pouvait être sauvé? Qui de nous admet encore que l'enfant innocent, s'il n'a reçu le baptême, est condamné à une réprobation éternelle? Que sont devenues les querelles infimes des protestants du XVIe siècle, relativement aux doctrines de la prédestination et de la justification?

Dites-moy où n'en quel païs

ont disparu les controverses qui divisèrent les presbytériens en Burghers et anti-Burghers. Qui parle encore de la double procession et de la lumière du Mont-Thabor, terribles problèmes qui ont mis à feu les Églises d'Orient et d'Occident? Tout cela est mort et enterré. Cependant la religion a survécu, et les discussions puériles de notre temps ne prévaudront pas davantage contre le principe supérieur qui est en elle. »

Il est juste de le reconnaître : les diverses sectes britanniques sont toutes imprégnées, les unes envers les autres, de la plus grande tolérance, « indifférence, » se croira peut-être autorisé à penser quelque sceptique.

M. Escott, dans son beau livre sur l'Angleterre, raconte une anecdote qui peint très bien le *modus vivendi* actuel de l'Église officielle et des dissidents, et qui prouve en même temps quelles faibles raisons déterminent beaucoup de personnes à faire partie d'une congrégation plutôt que de l'autre

Dans l'un des districts de l'Ouest de l'Angleterre où l'on rencontre le plus de dissidents, — c'est, en effet, sur les imaginations celtiques de Galles et de Cornouailles que les doctrines enthousiastes de Wesley et de Whitfield ont agi le plus puissamment, — le recteur d'une paroisse demandait à une dame

LONDRES : LA TOUR.

à laquelle il rendait visite, si elle ne négligeait pas un peu ses devoirs religieux : car depuis longtemps il ne la voyait pas à l'église.

— C'est que je vais à la chapelle, répondit la dame.

— Ah ! c'est différent, répartit le prêtre, et je suis charmé de l'apprendre ; j'aurais vivement regretté votre indifférence à cet égard.

Trois mois après, il la rencontra et lui dit, après les compliments d'usage :

— Vous allez toujours régulièrement à la chapelle, n'est-ce pas ?

— Mais non, répondit-elle. Je n'y suis pas retournée.

— Est-il possible ? Et pourquoi cela ? Ce que vous me dites m'afflige beaucoup, en vérité.

— Vous ne m'avez donc pas vue ? reprit-elle en souriant. Je suis allée à l'église tous les dimanches depuis votre dernière visite. Ne vous voyant pas trop irrité de ce que j'allais à la chapelle, j'ai voulu vous entendre une fois, et depuis j'ai continué.

Pouvoir de la tolérance, diront les uns ; de l'indifférence, diront les autres. Lesquels auront le plus raison ?

La simplicité de la croyance religieuse s'était réfugiée dans la chapelle des sectes dissidentes. Elle y est suivie par son ennemie mortelle, la science positive, qui l'y détruira. J'ai reçu les douloureux aveux d'hommes probes, membres respectés de leurs congrégations, directeurs de consciences autant que le permettaient les principes de leur secte. Ces hommes avaient été nourris dans une foi qu'ils respectaient, à laquelle leur mère et leur aïeule s'étaient fiées, pour laquelle leurs ancêtres, au siècle d'auparavant, avaient souffert... Mais eux-mêmes avaient lu, avaient appris, avaient pensé... Ils ne croyaient plus à la sainteté du Livre, à la vérité de la Légende ; et cependant ils continuaient à enseigner ce qu'ils ne croyaient plus. C'était pour eux une grande torture morale.

Car, bien que le dogme occupe très-peu de place dans leur croyance, l'attachement des Anglais à leur secte religieuse est ordinairement sincère. J'ai vu une veuve, sans fortune, entourée d'enfants et de vieux parents, qui s'était laissée entraîner au High Church, y éprouver des répugnances telles, qu'elle revint à son point de départ, au Low Church, et par là perdit ses élèves de la première confession, qui seules la faisaient vivre. C'était une dame de grand sens, très-instruite, parlant plusieurs langues, d'un esprit assez libre pour s'intéresser aux interprétations les plus hardies des mythes chrétiens... sur le terrain scientifique.

Quelques indifférents, arrivés au scepticisme, appartiennent à plusieurs Églises, se montrent tantôt chez les quakers, tantôt chez les indépendants, et un autre jour chez les Unitariens. C'est, dit-on, un moyen d'étendre leur clientèle. Le cas est rare. D'autres, assaillis de doutes, quittent franchement leur congrégation pour entrer dans une autre dont la doctrine est plus large; mais le démon scientifique les y poursuit, et leur conscience, dans le combat qui se livre entre la formule fétichique et la pensée vivante et créante, n'a pas de trêve.

La division des sectes est, d'ailleurs, plutôt sociale et politique que religieuse, et comme les passions sociales et politiques se sont graduellement atténuées et que toutes ces organisations diverses ne sont au fond que les membres d'une ligue pour la conservation de la force aux mains où elle réside, il règne entre elles la plus magnanime tolérance. On en voit la preuve dans la complaisance avec laquelle les journaux du samedi annoncent pêle-mêle, sans acception de confessions, les prédications du lendemain. Aux noms des églises ou des chapelles, ou même des conventicules laïques, et à ceux des prédicateurs, ils ajoutent souvent l'indication du sujet qui sera traité. Or, parmi ces sujets, à côté de propositions politiques des plus hardies, de thèses religieuses ou anti-religieuses d'une singulière audace, ou de dissertations plus ou moins compétentes sur tel ou tel point des sciences physiques, on rencontre des données théologiques ou morales absolument fantaisistes, telles que celles-ci : *La vertu est-elle compatible avec le Christianisme ?* ou *Lilith, la première femme d'Adam.*

Cette tolérance se manifeste à l'égard des Catholiques et des Juifs eux-mêmes, et de part et d'autre il semble que les haines soient dissipées et les rancunes effacées. Depuis surtout qu'au sein de l'Église évangélique, à Oxford (1820-1840), s'est formée, autour du docteur Pusey, cette nouvelle phalange à la tête de laquelle parurent John Henry Newman et Manning, aujourd'hui cardinaux de l'Eglise romaine, l'historien Froude, Keble, Gresley, Faber, Churton, Palmer, Perceval, et qui, reprenant la critique des doctrines du IIIe siècle, remit en honneur le culte des saints, la confession auriculaire, l'idée de la régénération par le baptême, celle même du Purgatoire..., une liaison dogmatique s'établit entre le protestantisme savant et la vieille Église. Aussi ne fut-on pas trop surpris de voir un protestant qui, en sa qualité d'Écossais, entendait rester politiquement protestant, indépendant de

Rome, s'adresser néanmoins au Pape, comme au chef spirituel de la Chrétienté, dans un *Appel* où il adjure Pie IX de prendre en main la cause du droit international outragé au nom de la Force et de restituer le principe de la justice dans le monde. Le cardinal Manning, que ses condisciples d'Oxford persistent souvent à appeler le docteur Manning, figure constamment, à côté des hauts dignitaires de l'Église protestante, dans les diverses associations qu'il patronne, notamment dans celles qui ont pour objet l'enseignement de la tempérance, dont il est un grand adepte, en sa qualité de *teetotaler*, c'est-à-dire d'abstinent de toute boisson excitante autre que le thé.

Cependant on ne peut nier que de très-grands efforts pour la conservation du protestantisme anglican dans sa pureté ne soient faits encore aujourd'hui par certaines sectes non conformistes, dont les plus importantes sont les Wesleyens, les Indépendants, les Baptistes et les Presbytériens. Ces trois dernières sectes jouissaient déjà, avant le développement de la doctrine des frères Wesley, d'une prérogative qu'elles gagnèrent par la part active qu'elles prirent à la révolution qui plaça sur le trône d'Angleterre la maison de Hanovre. En reconnaissance de ce service, on leur accorda par Charte royale le droit d'accès près de la personne du Souverain, c'est-à-dire la reconnaissance officielle. Vers la fin du siècle dernier, une partie des presbytériens, ayant embrassé les doctrines du Socinianisme et formé la congrégation des Unitariens, perdirent ce privilège ; Lord John Russell le leur a fait restituer.

Les frères Wesley, qui ont laissé le souvenir de véritables apôtres du temps nouveau, ont créé une organisation indépendante de l'Église constitutionnelle, et qui tient à la fois de l'idée protestante par son principe démocratique, et de l'idée catholique par son culte et par son système, — par sa *méthode*, comme parlent ses adhérents, appelés, de ce chef, *méthodistes*.

L'Église Wesleyenne, — qui mérite réellement ce titre d'Église dans le sens que nous y attachons, — est régie par une autorité centrale dont les décisions sont sans appel, par une autorité qu'à Rome on appellerait infaillible.

La *Conférence*, c'est le nom qu'elle se donne, se compose de cent ministres. Elle ne fait ordinairement que sanctionner les actes d'un certain nombre de ses membres réunis pour traiter les matières ecclésiastiques.

Les affaires du *circuit*, ou groupe de congrégations voisines, sont régies par des assemblées trimestrielles où des laïques, au nombre de vingt à soixante, se réunissent aux pasteurs de la circonscription. Les bienfaiteurs laïques des congrégations et les professeurs en font partie de droit. Ces assemblées administrent les revenus, payent les émoluments des ministres, présentent les ministres aspirants.

Les *synodes* de *district* connaissent à la fois des matières économiques de plusieurs circuits et de l'administration pastorale et spirituelle. Pour les questions financières, ils s'adjoignent deux membres laïques par circuit.

Les questions financières d'intérêt commun, notamment l'emploi des sommes destinées à la création d'écoles et à l'entretien de missionnaires, sont soumis au contrôle de Comités administratifs spéciaux.

Aucune mesure définitive n'est prise à l'égard d'une quelconque des congrégations sans l'approbation de la Conférence, dont les membres sont élus par tous les pasteurs.

Dans la règle stricte, l'aspirant au sacerdoce doit être désigné par la voix publique à l'attention du *meeting* trimestriel de son circuit et avoir fait ses preuves comme prédicateur. Ce qui suppose pour les postulants une sorte de volontariat pastoral et entièrement libre. Sur la recommandation du meeting il est appelé devant le jury d'examen du district. Quand il a fourni devant ce jury de nouvelles preuves de ses connaissances théologiques, de sa saint-doctrine et de ses talents oratoires, il comparaît devant la Conférence, réunie tantôt à Londres, tantôt dans une autre ville. Sur l'avis favorable de la Conférence, il est admis dans un des collèges de la communion, Richmond, Didsbury ou Headingley, où il passe trois mois à titre d'essai, puis, s'il y a lieu, trois années. Il n'est élevé au sacerdoce qu'après de nouveaux examens. Les jeunes pasteurs n'exercent ensuite pendant trois ans les fonctions du ministère qu'à titre provisoire, et ce n'est qu'après ces trois années d'exercice qu'ils reçoivent l'ordination. Même après qu'ils sont ordonnés, ils ne deviennent ministres que s'ils y sont appelés par une congrégation. Ils ne peuvent, enfin, occuper que trois années le même siège.

L'objet de cette dernière règle est d'empêcher que les congrégations ne se séparent de la direction commune ou ne s'immobilisent dans une routine. Elle a l'inconvénient de mettre obstacle à l'établissement de liens spirituels entre le pasteur et son troupeau. Elle fait du ministère une profession, et qui n'est pas sans avantages ; car les congrégations wesleyennes sont généralement riches. Elles se recrutent principalement dans la petite bourgeoisie, le petit commerce, près de l'ouvrier parvenu à quelque aisance. Leurs pontifes n'ont pas besoin de la haute instruction d'Eton ou d'Harrow ; mais ils n'en ont pas moins passé par une longue étamine qui les a savamment façonnés au métier. Ils connaissent aussi bien qu'un High-Churchman de Saint-Paul de Londres le geste et la pose, lèvent les yeux avec autant de componction, savent aussi bien, et tous les jours ou même deux fois dans la même journée, parler deux heures sans rien dire, passer de l'extase de la prière à l'indignation creuse de l'homélie, se donner des tons pâles et des contractions de muscles, et revenir brusquement à leur figure naturelle pour donner quelque ordre de service à l'assistant.

Offenserai-je ces congrégations si bien réglées, si correctes, si empressées au culte et qui en paraissent heureuses, en osant dire que leur organisation subit le sort de toutes les choses humaines, où l'habitude produit le relâchement, où la discipline supprime l'initiative, où la forme prend la place du fond ? D'ailleurs serait-il juste de reprocher au génie de John Wesley cette évolution fatale de l'organisation puissante qu'il a créée ? Si hardi qu'il soit à un étranger d'émettre ici une vue toute personnelle, je me permettrai de faire observer le changement des circonstances. Pour les classes auxquelles s'adressa principalement John Wesley, il n'y avait, sous l'oligarchie oppressive de la nouvelle noblesse, et dans cette indifférence générale qui avait suivi une période de convulsions, ni sacerdoce digne de ce nom, ni religion éclairée, ni instruction séculière, ni développement social. L'accession graduelle du peuple à la civilisation et à la puissance n'était possible que par l'implantation d'un principe d'organisation, d'une règle. Ce qu'avait fait Loyola, à l'espagnole, pour défendre l'indépendance et l'unité de l'Église contre les intérêts dissolvants et le despotisme des pouvoirs, Wesley le fit, à l'anglaise, pour relever l'intelligence et le caractère national menacés d'écrasement par une classe de privilégiés sans moralité et sans grandeur. L'action considérable qu'il exerça, bien au delà de cette secte étroite qui s'est perpétuée sous son nom, marque une des phases de la lutte héroïque, multiforme, et à plusieurs actes séculaires dont est sortie la noble nation sans laquelle l'idée de liberté aurait péri dans le monde. John Wesley est un des anneaux de cette longue chaîne de descendants de Prométhée, qui se passent de la main à la main la torche sacrée des résistances de la pensée humaine contre la tyrannie du nombre et les fatalités de la matière. Son œuvre fut de son temps, elle est achevée, et nous en recueillons tous le fruit, nous dont le cœur est haut et la pensée libre. Mais de nouveaux besoins ont surgi, de nouvelles questions se sont posées, les problèmes qui troublaient nos pères ont fait place à d'autres problèmes, le flambeau divin du progrès a déjà bien des fois depuis lors changé de mains, et le mot de l'avenir ne doit, aujourd'hui, pas plus être demandé aux formules en voie de pétrification du non-conformisme qu'à l'officialisme déjà fossile.

Quelques-uns le sentent au sein même de l'Église Wesleyenne. Des congrégations, usant du droit premier qui ne peut être refusé à des protestants, osent se donner des pasteurs selon l'Évangile, non affublés du vain savoir des écoles théologiques, travaillant à des métiers manuels comme Paul et comme Simon Pierre. Le méthodisme a déjà subi des déchirements, et l'autorité souveraine de la Conférence est parfois menacée par les grands souffles du presbytérianisme populaire. Mais le méthodisme, démuni de l'organisation qui a longtemps fait sa force, retournerait simplement à la secte encore vivace de ces Indépendants, dont furent le brasseur Cromwell et l'auteur de la *Défense du peuple anglais* et de la république contre les attaques de Mazarin signées Saumaise, John Milton.

Quelques chefs des Indépendants ne mentent pas à cette tradition. Ce corps éminemment politique n'a pas renoncé aux ambitions qu'autorise le rôle qu'il a rempli dans l'histoire nationale, sous la direction de M. Dale, de Birmingham, et de M. Rogers, de Clapham, un des faubourgs de Londres ; ils ne poursuivent rien moins que la rénovation totale du protestantisme anglais par la suppression de l'anglicanisme officiel, et peut-être la rénovation de la démocratie britannique par la destruction de tout l'édifice aristocratique et monarchique du triple royaume. Mais on ne s'explique guère un mouvement aussi sérieux, à l'entrée du xxe siècle, circonscrit par ces deux limites étroites : d'une part, le dogme, ou plutôt le fétichisme biblique, qui a été jusqu'à présent le fond de la religion anglaise ; d'autre part, l'oligarchie financière, qui est devenue le principe de la puissance de l'Angleterre. Il ne saurait entrer dans l'esprit pratique d'aucune école ou d'aucun parti, en Angleterre, de rêver une révolution ayant pour point de départ la négation de la divinité de la Bible et l'abolition des privilèges financiers ; mais, supposé que, le voulant ou non, une telle révolution fût amenée, où seraient, pour l'Angleterre les rudiments d'une nouvelle foi, les bases d'un nouvel ordre ? Ce ne sont même point, à mon avis, MM. Harrison et Beesley qui les préparent, avec des lambeaux d'Auguste Comte.

Quoi qu'il en soit, ce travail de transformation pratique et morale fait le plusgrand honneur à des hommes qui, sous leurs dénominations diverses de secte ou de parti, s'accordent à comprendre que la réforme voulue par chacun doit commencer par soi-même. C'est ainsi que s'est produite la puissance de l'Angleterre ; c'est par là que s'est édifiée sa liberté politique ; c'est pour cela que nous nous sommes étendu peut-être un peu longuement sur cette *question* religieuse, question qu'on ne peut, du reste, songer à éluder quand on a accepté la tâche de parler vérité sur le peuple Anglais.

VI

L'ÉDUCATION NATIONALE

« La liberté est le fond de l'esprit anglais ; la grandeur de l'Angleterre est le produit de la liberté et l'assise première de ce fier monument de la volonté humaine est la liberté des études. L'Anglais respire en naisant un air libre, il s'en nourrit, il s'y développe ; il s'élève par le sentiment de la responsabilité personnelle ; sa nation vit en lui et par lui à ses yeux ; cesser d'être libre, ce n'est pas seulement cesser d'être, c'est trahir l'État. Il n'entend rien à nos distinctions de rhéteurs, à nos analyses de sophistes, mais se meut et croît dans une naturelle synthèse où l'intérêt général est le sien, où la constitution publique est son droit, où les acheminements de la science et les principes fixes de la conscience se complètent mutuellement et s'appuient.

« L'homme de la religion, l'homme de l'enseignement, l'homme de la science, l'écrivain, le publiciste, le réformateur, l'homme d'État, n'y font qu'un. Le savoir, dès l'enfance, y est doté, richement pourvu, muni d'une puissance accumulée par les siècles et accrue chaque année par des apports libres. Cet homme, calme et sûr dans sa force, et qui a placé la dignité du *gentleman* au-dessus des trônes de la terre, cherche quelquefois du regard cette poussière humaine qui s'agite dans nos sacristies et dans nos collèges, et n'y trouve pas forme qui ait pensée, matière qui ait vie: il lit et relit la lettre des réglementations qui enveloppent cette masse obscure, et ne comprend pas. »

Ces lignes publiées dans la *France*, à mon retour d'Angleterre, expriment encore aujourd'hui ma pensée en ce qui regarde l'éducation nationale de l'Angleterre.

Je ne puis mieux faire que de les reproduire.

Ce que je disais, au commencement du chapitre précédent à propos de l'institution religieuse, est vrai, *a fortiori*, de l'éducation et de l'instruction. Les deux peuples sont placés à des points de vue tout à fait différents. Du reste, qui dit, en Angleterre, éducation et instruction, dit Église, et les efforts qui sont faits, depuis quelque temps, pour laïciser l'enseignement primaire et l'enseignement spécial, même sur quelques points, sous l'influence de l'Université de Londres, l'enseignements secondaire et supérieur, ne sont pas dictés, du moins chez la généralité de ceux qui y coopèrent, par un esprit opposé à la religion, mais par le respect de la liberté religieuse d'un peuple soumis à des confessions diverses. Ce que nous appelons laïque, les Anglais l'appellent *non confessionnel*, non limité à telle ou telle confession ; et en demandant la liberté à cet égard, ils ne visent pas les écoles libres, mais celles que subventionne l'État : ils ont surtout pour but de supprimer, en matière d'instruction, l'influence de la religion de l'État. C'est un pas qu'ils font vers une réforme à laquelle le chef actuel du gouvernement, M. Gladstone, et celui du gouvernement antérieur, Lord Beaconsfield, c'est-à-dire les inspirateurs des deux grands partis politiques qui se succèdent alternativement au pouvoir, se sont montrés également favorables : la séparation de l'Église et de l'État, ou, pour parler à la manière anglaise, le *disestablishment* de l'Église officielle. Ceux qui réclament cette mesure, loin de désirer l'affaiblissement de la religion et de l'Église, ont pour but leur rénovation : ils accusent l'Église officielle de tiédeur.

On peut considérer cette résolution comme accomplie en ce qui regarde l'instruction primaire, que l'État s'est ainsi fait un devoir de dérober à sa propre influence en matière religieuse. Il n'a pas eu à y songer pour le haut enseignement universitaire, presque entièrement placé en dehors de son action, et où l'Église officielle, non en tant qu'Église, mais par les membres libres de son clergé, et par conséquent lors même qu'elle cesserait d'être officielle, conservera longtemps encore, quelques changements qui surviennent dans les régions politiques, le principal rôle.

I. — Les Universités

Charles Lenormant traitant de l'*Enseignement des langues classiques*, a parfaitement expliqué le changement qui s'opéra en France, au XVIe siècle dans la discipline des écoles publiques, et qui a reçu de Napoléon son caractère définitif. Il en fut des institutions scolaires comme des institutions politiques. La crainte de dissolution inspirée par les guerres civiles fit régner partout la compression et la restriction, et substituer l'action d'une autorité effrayée, et souvent impuissante, à la confiance, à l'indépendance, à la spontanéité. Or ces avantages que nous avons perdus depuis que les décrets de Henri IV ont soumis les Universités au contrôle de l'administration, l'Angleterre les a fidèlement conservés, et, tout en se séparant de Rome, elle a gardé avec un soin jaloux les traditions et les établissements d'instruction publique de l'ancienne Église.

« L'indépendance la plus absolue à l'encontre du pouvoir, la variété dans l'unité, la diversité des règlements, la liberté des enseignements, l'antiquité et le caractère religieux de l'origine, l'opulence et la stabilité du patrimoine : telles sont les bases sur lesquelles repose le haut enseignement en Angleterre.

« Les Universités anglaises, comme la constitution et la société anglaises tout entières, ne sont autre chose qu'un magnifique échantillon de l'ancienne société du moyen âge, telle qu'elle existait dans toute l'Europe occidentale. La France, l'Italie, l'Allemagne, la Bohême, les Pays-Bas, l'Espagne, le Portugal, les royaumes scandinaves possédaient autrefois des institutions absolument semblables. L'Université de Paris, dont l'origine nous reporte jusqu'aux temps mérovingiens, était, du moins au quatorzième siècle, organisée précisément sur le même pied, avec ses nombreux et célèbres collèges de Navarre, de Beauvais, de Lisieux, d'Harcourt, etc.

fondés, la plupart, par la munificence des évêques et des seigneurs.

Entre le château et le village, entre le riche et le pauvre, la propriété et le travail, dit M. Lorain, dans son mémoire académique, se trouve le pasteur. La charité est un devoir de son ministère, quand elle n'est pas un besoin de son cœur; et, plus heureux que nos curés de village, il n'est pas comme eux, condamné par les nécessités d'une position étroite à refouler dans son âme les élans généreux que la nature et la religion y avaient mis, mais que la société ne lui a pas donné les moyens de satisfaire.

Sa naissance, son titre, le bien-être dont il jouit, en l'élevant beaucoup au-dessus des paysans qui l'entourent le rapprochent du landlord, tranchons le mot, du seigneur de la paroisse, mais plus encore son instruction ; il est le camarade d'étude des enfants de cette famille puissante, souvent le frère puîné du maître lui-même : il a reçu avec lui, devant lui, la même éducation ; il devient par là son égal, il lui est même ordinairement supérieur, car le gentleman commoner s'est peut-être contenté de l'examen de tout le monde, et il a vu son condisciple, plus studieux, remporter de l'Université un titre plus honoré. Que si le ministre appelé près de lui sort de l'enseignement comme tutor d'un collège, peut-être son ancien maître, c'est un lien de plus qui les unit par le respect et l'amitié. Qui profite de ce rapprochement ? Il est aisé de le comprendre : c'est le village. Le rôle du pasteur est d'aller déposer dans l'oreille du landlord le secret des misères dont il a reçu la confidence, et de rapporter dans la chaumière la consolation de bien des maux ; ce rôle le place haut dans l'estime du bienfaiteur et dans la reconnaissance des malheureux qu'il a soulagés... Maintenant, changez tout cela : éparpillez la terre en toutes mains, et vous aurez la petite monnaie du château ; détruisez le bénéfice et mettez le prêtre à la portion congrue ; choisissez pour ces fonctions que le dévouement honorera toujours, mais que vous aurez ravalées autant qu'il est en vous jusqu'à la misère, des hommes qui n'ont plus aux yeux des paysans le prestige de la naissance et du bien-être des paysans eux-mêmes ; élevez-les loin de toutes relations utiles dans leur avenir, au fond de quelque séminaire où ils recevront sans doute la science des sciences, celle de la religion, mais où leur esprit ne connaîtra d'ailleurs qu'une culture limitée, souvent chétive ; que le prêtre ne soit plus ni l'égal des petits rentiers de l'endroit, ni le supérieur des villageois, tels que son père et sa mère, ni le père des pauvres, pauvre lui-même ; et vous pouvez prophétiser à coup sûr l'effet de cette organisation sur l'avenir d'un grand pays comme l'Angleterre. »

Il y a dans cette dissertation académique beaucoup de traits de fantaisie.

L'auteur nous édifie avec satisfaction une société à trois étages, dont le troisième vit de la charité du premier par le bon plaisir du second. Je parlerai de la charité anglaise : certes, l'Anglais a bien des défauts, mais sa charité n'en est pas le plus grand. Le squire, en dehors de sa participation soit aux conseils de la paroisse, s'il s'en occupe, soit aux sociétés de tempérance ou de prosélytisme biblique, si elles rentrent dans sa ligne, se soucie fort peu des affaires de ses voisins. Quant au recteur, généralement père d'une nombreuse famille, administrateur de biens importants, chef de pensionnat, membre d'une multitude de sociétés, curateur d'intérêts divers, très-empressé de produire lui et les siens, constamment en voyage, en affaires ou en visites, il songe à bien autre chose assurément qu'à faire de la charité privée pour de pauvres diables. S'il en fait, il sait pour qui, et combien cela rapporte.

Le clergymann anglais fait mieux que d'exercer la charité, vertu académique. Époux, père, maître, savant, édile, laboureur, conseiller, homme privé, homme public, il est un des plus fiers exemples d'activité humaine qu'ait produits aucune race, et l'Angleterre est grande parce qu'elle le produit, parce qu'elle le met en la place qui lui revient, parce qu'elle le paye et qu'elle l'honore.

Contrairement à ce que nous voyons en France, le collège des Universités anglaises n'a pas à gagner à l'augmentation du nombre de ses élèves. Il a son revenu propre qui suffit à son existence. Sans doute, la forte pension payée par les élèves fournit aux frais de leur entretien, mais elle ne donne pas de boni. Sans doute aussi les émoluments des tutors sont considérablement grossis par les inscriptions qui se font à leurs cours: mais cet appoint ne leur était pas nécessaire, et ils y perdent en confort, obligés de céder aux *undergraduates* la plus grande partie des splendides bâtiments du collège, et de ne réserver à chaque fellow que sa chambre à coucher, son cabinet de travail et son salon (*bedroom, study, sitting room*). L'enseignement de la jeunesse est une lourde charge et un soin incessant l'espace, le calme, la liberté de l'étude, sans parler de celle de la digestion, ont leur prix. Aussi certains collèges ne s'empressent-ils point d'ouvrir leur porte à la clientèle. On cite des exemples, et ce sont naturellement ceux des plus riches; ainsi celui du collège de *la Magdeleine*, qui ne paraît avoir guère d'autre souci que le recrutement d'un corps de fellows digne de jouir de ses gras revenus.

L'opinion a dû intervenir auprès du Parlement contre la façon dont les ayants-droits du collège d'*All Souls*, à Oxford, entendaient l'exécution de la volonté des donateurs. Ce bel édifice était occupé, il y a trente ans, par un portier, deux ou trois serviteurs et choristes pour la chapelle, un nombre égal de fellows pour l'administration de la maison et de ses revenus et le service régulier des *fellowships* aux camarades dispersés sur tous les points de l'Angleterre ou du monde; d'élèves, point; de maîtres, point; lorsque par hasard il fallait faire donner à ces quelques choristes qu'il renfermait un semblant d'instruction, le collège était obligé d'emprunter un maître ailleurs.

Depuis trente ans, le régime universitaire s'est modifié dans un sens défavorable à cette extrême liberté traditionnelle. L'esprit de règle de la démocratie moderne a essayé d'introduire là comme ailleurs son niveau brutal. Le Parlement, dominé par des intérêts pressants et à courte vue, a voulu affirmer, sur ce terrain comme sur tous les autres, l'étendue illimitée de sa toute-puissance. Les Universités ont subi, comme le reste, leurs réglementations d'État. La somme de leurs privilèges a été respectée, mais elle reste menacée par le parti actuellement au pouvoir, s'il n'avait pas sur les bras d'autres affaires. L'adhésion aux trente-neuf articles de foi de la confession anglicane, réclamée jusqu'à ces derniers temps à Oxford, a cessé de l'être, ouvrant la voie à la demande possible d'un enseignement secondaire laïque par des Universités laïques, suivant la révolution qui s'accomplit dans l'enseignement primaire et dans l'enseignement spécial. On a surtout représenté aux prenants-part des revenus universitaires que les donations des fondateurs avaient eu pour but l'enseignement public, et qu'il n'était permis à personne d'en détourner l'emploi statutaire.

Ces critiques de la vieille institution ont plu a beaucoup de gens, et particulièrement aux petits esprits de l'école niveleuse. Quoi de plus simple que de dire aux rentiers universitaires :

— Vous êtes payés pour enseigner. Vous n'enseignez pas. Donc nous vous ôtons la subvention.

Et cependant, il peuvent répondre :

— La preuve que nous enseignons, c'est que nous sommes. Au-dessus de l'enseignement scolaire, il y a l'enseignement humain ; au-dessus de la vulgarisation de la science il y a l'institution de la science. Au-dessus de l'élève, il y a le maître. Vous aurez toujours des élèves : prenez garde de n'avoir pas toujours des maîtres. Aujourd'hui la plus grande partie de l'enseignement se fait par le livre. Tel homme enfermé dans sa bibliothèque qui, suivant vous, n'enseigne pas à cinq ou à dix élèves enseigne à un million. Le but des donateurs n'a pas été un intérêt pédagogique étroit, mais l'intérêt national, humain, universel, de la science elle-même: et il importe avant tout à cet intérêt que des asiles calmes soient ouverts aux hommes de savoir, de pensée et de raison qui se sont montrés les plus aptes à maintenir contre l'invasion des intérêts particuliers la majesté des études.

Je suis bien loin de prétendre qu'une telle réponse fut toujours faite de bonne foi. Les abus se glissent partout, et il est impossible que des privilèges aussi brillants que ceux de ces antiques fondations ne soient jamais devenus la proie de la faveur imméritée et du népotisme. Les institutions humaines ont une pente naturelle à se noyer dans la médiocrité, qui s'engendre et se reproduit si aisément d'elle-même partout où elle a une fois pris pied; et, une lutte implacable de toutes les heures est nécessaire pour retenir les établissements intellectuels et moraux à la hauteur de leur conception première. Malheureusement les réformes rêvées par le radicalisme ignorant sont pires que les vices auxquels il se propose de porter remède. Privé du sens de la liberté et de celui de la nature, il substitue des abstractions aux organismes qu'il pense corriger. Il se plaint que le privilège produit des hommes injustes, violents, orgueilleux, sacrifiant à leur intérêt ou à leur passion, et son reproche est assez généralement fondé ; mais il passe sur ces aspérités inégales la lourde meule de la raison, et ce qui demeure après cette besogne faite n'est plus l'homme, c'est sa poussière.

Le temps des études, dans l'Université d'Oxford, est réparti en quatre *termes*, courant approximativement du 10 octobre au 15 décembre, du 15 janvier à la quinzaine qui précède Pâques, de la dernière quinzaine qui suit Pâques à la Pentecôte, de la Pentecôte à la *Commémoration*, ordinairement vers le 15 juin. Les deux derniers termes, séparés seulement par quelques jours de congé, peuvent être considérés comme n'en faisant qu'un. Pour les autres universités, les datent varient; elles varient également pour les petites écoles, qui suivent des systèmes très divers, la plupart à trois termes, quelques-unes, d'après un vieux mode, à deux.

Les élèves sont admis dans chaque collège en vertu d'un examen préliminaire, sévère chez les uns, facile chez les autres. Indépendamment des habitudes de la famille ou de celles des écoles préparatoires ils sont décidés en faveur de tel ou tel collège par des motifs soit de caste, comme pour *Christ Churh*, qui est un rendez-vous de la noblesse ; soit de nationalité, comme pour *Jesus College*, fréquenté par les Gallois ; soit d'étude, comme pour *University College* ou *Balliol* les plus renommés à Oxford quant à la solidité de l'instruction.

L'admission aux examens de sortie d'Oxford suppose la présence de l'élève durant trois années dans un des dix-neuf collèges ou des deux *halls* qui composent l'Université, et dans les maisons particulières (*lodgings*) où quelques élèves obtiennent de résider vers les dernières années de leurs études. Les dépenses annuelles de chaque *undergraduate* ne sont jamais moindres de deux cents livres sterling, et dépassent souvent de beaucoup cette somme. Il meuble pour son usage un logement de trois pièces au moins, où il est servi par ses gens, quoiqu'il prenne généralement ses repas dans le réfectoire commun.

Même au réfectoire, les étudiants s'isolent selon leurs relations antérieures. Leur vie est absolument privée. Deux Anglais qui n'ont point été présentés l'un à l'autre (*introduced*) n'ont pas le droit de s'adresser la parole sans impolitesse, même pour les détails indifférents de la vie ordinaire. Un étudiant assis auprès d'un voisin auquel il n'a pas été présenté se privera de boire plutôt que de lui demander de lui passer la carafe, et trouverait fort *impròper* qu'il la lui présentât. Ils n'existent pas l'un pour l'autre, et peuvent se rencontrer ainsi durant trois années sans être censés se connaître. Or les introductions ne se faisant qu'à bon escient, jamais à la légère, vu les conséquences sérieuses qu'elles entraînent, les jeunes gens des diverses classes ou des divers partis peuvent ainsi se côtoyer dans les universités sans être envahis par cette promiscuité déplorable où se corrompent les traditions de famille et se perd le sens de la dignité individuelle. Cette règle générale maintient la distinction des classes sans aucun signe apparent ; cependant les jeunes gens de la noblesse ont, les jours de cérémonie, un costume particulier, et habituellement portent à leur bonnet un gland d'or.

En dehors des heures de classes ou de repas et de celles de la chapelle (sept heures du matin, quatre heures du soir), l'*undergraduate* est libre, maître chez lui, reçoit qui il veut, n'est soumis à aucune discipline, et n'abuse jamais de cette liberté, qui engage d'autant sa responsabilité personnelle et son respect de soi-même devant ses maîtres, ses égaux, et, surveillance plus sensible encore, ses serviteurs. Il n'y a point d'heures de couvre-feu; l'étudiant rentre quand il veut, et peut entretenir chez lui ses camarades plus ou moins avant dans la nuit : la seule restriction, à cet égard est qu'il ne peut sortir après neuf heures.

Ajoutons que l'heure de la rentrée, après que le beffroi de Christ Church a gravement sonné la fermeture des portes est notée, et que l'habitude des rentrées tardives pourrait donner lieu à des observations de la part des proctors, qui partagent avec le vice-chancelier l'administration de l'Université. Or des observations trop justifiées peuvent entraîner un exil de trois mois, la *rustication*. Par un usage bizarre, qui remonte, dit-on, à Édouard III, la police d'Oxford, à partir de neuf heures du soir, appartient aux proctors, dont les surveillants ont le droit d'entrer dans les maisons, droit exorbitant en Angleterre. Heureusement pour la liberté des étudiants qui y sont soumis, ce droit est limité à la ville. A quelques milles de là, change du tout au tout l'aspect des mœurs universitaires; mais le décorum local est préservé.

Le vice-chancelier et les deux proctors sont choisis pour un an dans chacun des collèges à tour de rôle, et forment le *board* ou bureau, qui traite toutes les affaires ordinaires et présente les questions graves à la *convocation* de tous les maîtres ès arts et docteurs de l'Université, lesquels tiennent souvent à honneur d'apporter leur vote des extrémités du royaume. Quant au chancelier, ce titre purement honorifique est décerné à vie, ou pour une période déterminée, à quelque grand personnage politique.

Indépendamment des cours des Tutors suivis par les étudiants dans chaque collège, les universités ont des cours généraux, dont quelques-uns confiés à des professeurs royaux, c'est-à-dire nommés et payés par la Couronne. Mais ces cours, non obligatoires, sont généralement peu suivis, et quelques-uns même ne sont professés que deux ou trois fois par an, *pro forma*, par le titulaire, qui souvent habite Londres et jouit ainsi d'une véritable sinécure largement rétribuée. A Oxford, il y a quelques années, on a créé un nouveau cours uniquement pour conserver le professeur Max Müller et lui permettre de diriger la grande publication de documents orientaux qu'il venait d'entreprendre.

Mais il est bon de noter que les professeurs de

LONDRES : HOLBORNE VIADUCT.

l'Université n'examinent pas. Ils ne sont pas, comme ceux de nos facultés, juges et parties. Les examens sont confiés à des *fellows* des divers collèges, désignés par le *board*.

L'examen ordinaire d'Oxford confère le titre de bachelier ès arts, B. A. Il est assez facile ; mais un examen beaucoup plus sérieux est celui qui confère le même titre *avec honneurs, ad honores*, titre réclamé des aspirants aux bénéfices ecclésiastiques.

Le titre de maître ès arts, M. A., est conféré après quelques années aux B. A., sans nouvel examen, par l'Université d'Oxford. L'Université de Londres, au contraire, a fait de ce titre une *licence* des plus sérieuses, et a également donné aux divers doctorats une valeur qu'ils n'avaient pas auparavant. Les grades universitaires, d'ailleurs, tendent à se multiplier et à se scinder, là comme chez nous : il y a maintenant des bacheliers ès sciences, des bacheliers ès lois (en droit), des bacheliers en divinité (théologie). Un grade tout récent, celui de docteur ès sciences, a été pour la première fois décerné à un jeune savant de grand avenir, Sylvanus Thompson.

De plus, un grand nombre de concours, soit pour des bourses (*scholarships*), soit pour des prix (ordinairement de 50 livres sterling), sont décernés annuellement, et rappelés avec soin parmi les titres d'honneur de ceux qui les obtiennent, à quelque degré de dignité politique ou de renom littéraire qu'ils s'élèvent plus tard.

La plupart des observations qui précèdent se rapportent à l'Université d'Oxford. Obligé de me limiter dans cette étude, qui comporterait bien d'autres développements, je me suis arrêté, pour donner du caractère général de l'enseignement Universitaire chez nos voisins une idée plus claire au lecteur, sur celle des Universités anglaises qui offre le type le plus réellement anglais, le plus traditionnel, de l'objet que je désirais faire saisir. Les autres universités : Cambridge, Londres, Dublin, Edimbourg, Glasgow, Aberdeen, présentent, sur le même thème, des variations considérables.

L'élément scientifique domine à Cambridge; les principes de laïcité, de progrès, de réforme, à Londres; les influences catholiques, naturellement, à Dublin; une haute et sérieuse culture intellectuelle à la manière allemande dans les Universités écossaises, parmi lesquelles je n'ai pas cité celle de Saint-Andrew, trop connue pour la facilité avec laquelle ses grades se décernent, pas plus que je n'ai mentionné, en Angleterre, l'essai d'Université catholique de Kensington.

II. — Opinion de M. de Montalembert sur les Universités Anglaises

« On a pu emprunter à l'Angleterre une image plus ou moins fidèle de ses institutions politiques : il n'est pas donné aux nations modernes d'emprunter une copie même affaiblie de ses collèges et de ses universités. Sous le nom modeste d'*écoles,* trois ou quatre vastes fondations, parmi lesquelles Eton (fondé par le roi Henry VI en 1441) et Harrow (fondé par John Lyon en 1585) occupent le premier rang, reçoivent presque sans exception les enfants de toutes les familles aisées du pays, et leur offrent une éducation à la fois classique et virile, sous la direction de quelques membres éminents du clergé anglican. Elles se distinguent de tout ce que nous avons d'analogue en France, par deux caractères : leur antiquité et leur emplacement à la campagne. Identifiées en quelque sorte par leur date avec l'histoire de la nation, elles offrent pour premier enseignement à leurs élèves la mémoire des grands hommes qui les ont précédés sur ces bancs scolaires qu'ils ont quittés pour aller présider aux destinées du plus vaste empire qui existe sous le soleil. Une collection de bustes et de portraits y représente sans cesse aux jeunes habitants de ces lieux les traits des citoyens dont le nom remplit les annales de l'Angleterre, ou occupe encore la première place dans l'attention des contemporains. La plupart y sont représentés encore jeunes, tels qu'ils étaient au moment où les premiers feux de la gloire vinrent dorer leur front, et où leur renommée naissante a fait désirer un souvenir de leur présence. Cet air juvénile semble un rapprochement de plus entre eux et leurs successeurs.

« Mais c'est surtout en éloignant de la capitale et des grandes villes ces grands centres de l'éducation secondaire, et en les maintenant dans cette situation, que les Anglais se sont assuré un avantage incalculable. On connaît leur amour pour la vie rurale, et l'influence salutaire qu'elle exerce sur eux. Rien donc de plus naturel que d'avoir placé les foyers de l'éducation nationale à la campagne; rien aussi de plus utile au développement moral et matériel de cette jeunesse. Il est difficile de concevoir un séjour mieux fait pour exercer une action heureuse et durable sur l'élite des fils d'une grande nation que celui d'Eton, par exemple. Les logements des maîtres et des élèves y forment un vaste et bel édifice, dans ce style semi-gothique qui répond si bien aux mœurs et aux idées du pays. La chapelle, qui serait digne d'être une cathédrale, compte parmi les plus beaux morceaux de l'architecture anglaise du XVe siècle. Vis-à-vis, et de l'autre côté de la Tamise, s'élève le château de Windsor, demeure de la royauté, avec sa grosse tour ronde, bâtie par Guillaume le Conquérant, et sa chapelle de Saint-Georges toute couverte de blasons des chevaliers de la Jarretière depuis Édouard III. Tout autour du collège, de vastes prairies limitées par les ondulations de la Tamise, forment un parc orné de pelouses et de futaies à perte de vue. Ce n'est pas là seulement que ces enfants prennent leurs récréations : ils se répandent à toute heure dans la campagne ou dans le bourg voisin ; sauf le temps des classes, ils font à peu près ce qu'ils veulent, et n'abusent que rarement de cette liberté si étrange à nos yeux. Sans surveillants, sans autres restrictions que celles imposées par certains usages traditionnels et par ce respect de soi-même dont tout Anglais est pénétré, ils commencent ainsi avec une impétueuse et précoce vigueur l'apprentissage de la vie publique, du *self-government,* comme le faisaient d'ailleurs leurs pères et les nôtres dans les écoles du moyen âge. Chez la masse des enfants, la vie, la santé, l'intelligence coulent à pleins bords, avec une sorte de sérénité expansive et respectueuse que l'on ne rencontre guère chez les élèves de nos casernes universitaires. On ne remarque pas de rudesse ni de grossièreté chez cette jeunesse émancipée de si bonne heure. A certains jours solennels, ses aînés figurent en costume de cour devant la famille royale et l'aristocratie, et y déclament des discours grecs, latins, anglais, avec une aisance et une simplicité de bon goût. Mais c'est pendant leurs récréations ordinaires qu'il faut les voir, à l'ombre de leurs grands arbres, pour juger de la virilité anticipée de ces enfants, de la liberté en même temps que de l'énergique vitalité des classes supérieures de l'Angleterre ; et l'on comprend le mot du duc de Wellington, lorsque, revenu, vers le déclin de ses jours, dans ces beaux lieux où il avait été élevé, se rappelant les jeux de son enfance, et retrouvant la même précoce vigueur chez les descendants de ses camarades, il dit tout haut : *C'est ici qu'a été gagnée la bataille de Waterloo.*

« Si l'on passe des *écoles* aux *Universités*, on aperçoit plus clairement encore le lien qui unit l'éducation à la vie publique, et les racines par où les vieilles institutions britanniques puisent leur robuste vie dans la vie sans cesse renouvelée des jeunes générations. Les Universités d'Oxford et de Cambridge sont les vraies merveilles de l'Angleterre. C'est par là que passent d'abord tous les membres du clergé anglican, tous les héritiers de la pairie, de la grande propriété, les légistes et les gens de lettres, les hommes politiques ; c'est là que les pères de famille enrichis par le commerce, l'industrie ou la littérature, se hâtent d'envoyer leur fils ; c'est donc là que se forme presque exclusivement la classe dirigeante du pays. Dans la liste des *honors*, c'est-à-dire des hauts grades académiques, que l'on reproduit dans l'Annuaire de chaque Université, on retrouve plusieurs des grands noms de l'Angleterre contemporaine. Aussi cette liste, quand elle est publiée chaque année dans les journaux, est accueillie par la nation tout entière avec un vif intérêt : et un *honneur* ainsi obtenu reste pendant la vie entière une distinction hors ligne pour les titulaires.

« C'est ici que l'avenir de l'Angleterre se retrempe incessamment dans les eaux du passé. Nulle part au monde le moyen âge n'est encore debout et vivant comme à Oxford et à Cambridge. Il n'y est point à l'état de résurrection factice, ou de mosaïque déterrée sous la lave mal éteinte des révolutions. Il n'y a jamais péri.

« La plupart des fondations remontent au temps où l'Angleterre était encore catholique, et ont gardé l'ineffaçable empreinte de leur origine. L'esprit de conservation, qui est le plus précieux apanage de la race anglaise, y règne plus que partout ailleurs.

Dans ces foyers de l'anglicanisme, on a maintenu avec respect et dans la situation la plus apparente les effigies des deux souverains que leur catholicisme a rendus les plus impopulaires de tous ceux qui ont régné sur la Grande-Bretagne. A Cambridge, et là seulement dans toute l'étendue des trois royaumes, on voit la statue de la reine Marie, si odieuse au peuple anglais, parce qu'elle essaya, par les tristes moyens que sollicitait l'intolérance de son siècle, entre le brutal Henry VIII et l'impitoyable Élisabeth, de ramener son royaume à l'unité catholique. A Oxford reste également debout la statue de Jacques II, qui paya de sa couronne le périlleux honneur d'avoir voulu imiter Louis XIV en imposant à la fois le catholicisme et le pouvoir absolu à son royaume. Le peuple anglais ne connaît pas, du reste, cette odieuse manie de dégrader et de mutiler les monuments historiques, dans le vain espoir d'effacer jusqu'au souvenir des victimes de la passion ou de l'injustice des révolutions. Bien plus, au plus fort du siège de Sébastopol, pendant la *commémoration* d'Oxford, à la cérémonie où deux généraux de l'armée de Crimée venaient recevoir, avec les insignes du grade honorifique de docteur ès lois, l'ovation la plus chaleureuse qu'une ardente et patriotique jeunesse pouvait décerner à d'illustres vétérans, on voyait à la place d'honneur, dans l'enceinte où se célébrait cette fête, le portrait en pied de l'empereur de Russie qui avait participé en 1815 à une solennité semblable: son image y était comme témoignage du passé, et nul ne pensait à lui faire payer la rançon du présent. Comme de raison, les gloires plus spécialement universitaires y sont l'objet des plus respectueux hommages. Où pourrait-on comprendre mieux le culte des ancêtres intellectuels que dans une corporation qui, comme le collège de la Trinité à Cambridge, a l'insigne honneur de compter à lui seul dans son arbre généalogique les noms de Bacon, de Milton, de Newton et de Byron, c'est-à-dire les plus grands génies de l'Angleterre, sauf Shakespeare, qui ne fut d'aucune université, et Burke, qui fut élevé à celle de Dublin ? »

On conçoit que l'esprit de conservation ne se borne pas seulement aux monuments matériels, et se déploie plus énergiquement encore dans la garde des habitudes et des traditions qui ont présidé à la naissance de ces grandes institutions. Tout subit l'influence de ce souffle tutélaire. M. de Montalembert, à qui j'ai emprunté les extraits qui précèdent, priait un jour le *master* d'un collège de lui donner quelques détails sur le règlement intérieur de la maison :

« Rien de plus facile, lui fut-il répondu. Nous n'avons rien changé aux statuts que nous a donnés notre fondatrice, Lady Marguerite, comtesse de Richmond, mère du roi Henry VII, en 1505. »

Après cet esprit de conservation des anciennes règles et des anciennes formes, ce qui frappe surtout M. de Montalembert dans les Universitéss anglaises, c'est leur indépendance complète à l'égard du pouvoir. Il leur faut bien reconnaître, comme tout le monde, l'empire de la loi, du Parlement, lequel de son côté n'exerce cet empire qu'avec des ménagements infinis. Mais quant au pouvoir exécutif, au gouvernement proprement dit, il n'y a absolument rien à voir. C'est à peine s'il nomme trois ou quatre professeurs par Université. Tous les chefs de l'Université, tous les membres des différents collèges dont l'agrégation forme l'Université, sont élus par leurs pairs, comme les membres de l'Institut de France, mais sans aucune intervention, présentation ou approbation du pouvoir. Ils ne reçoivent du gouvernement ni mandat ni salaire. Ils ne lui rendent aucun compte de leur enseignement. Le programme des études, les conditions d'admission, d'examen, les règlements de discipline intérieure ou extérieure, tout est en dehors et au-dessus de l'action et du pouvoir royal ou ministériel. L'esprit conservateur qui a toujours distingué les Universités anglaises est donc uniquement le fruit spontané de l'indépendance et de la conviction. « Elles sont en cela, comme en tout, remarque M. de Montalembert, l'image de la société anglaise et de son aristocratie, libre, fière, mais ordonnée, d'autant plus respectueuse envers l'autorité qu'elle en est plus indépendante, toujours ouverte au mérite, toujours prête aux progrès utiles, aux réformes nécessaires, mais solidement assise sur la tradition et sur le droit individuel. »

Le trait le plus caractéristique des Universités britanniques est ensuite la diversité et l'indépendance respective des collèges qui les composent, suivant le précepte de saint Augustin : *l'unité dans la variété.* Montalembert peint en ces termes l'aspect extérieur de ces Universités : « Que l'on se figure, réunies dans le pourtour d'une même ville, et se touchant par leurs enceintes particulières, quinze ou vingt de nos anciennes abbayes, dans toute la grandeur et toute la magnificence de leur époque la plus florissante. Chacune d'elles avec deux, trois et quatre cloîtres à arcades ogivales ou cintrées, avec un réfectoire grand, haut et voûté comme une église, avec une bibliothèque toujours, avec un musée et une galerie de tableaux quelquefois, surtout avec une chapelle où se célèbre deux ou trois fois par jour l'office canonial accompagné de chants d'une beauté antique. Plusieurs de ces édifices sont des monuments du plus haut prix, tels que la chapelle de King's College et la façade de Saint-John's à Cambridge, les cloîtres de Magdalen et de Merton, et l'église de Christ Church à Oxford. Mais c'est surtout l'ensemble et l'agglomération si rapprochée de ces vastes et curieux édifices qui a quelque chose de prodigieux et d'unique, et qui laisse, comme l'Alhambra à Grenade ou la Piazzetta de Venise, une impression qu'on ne retrouve nulle part ailleurs. Sous ce rapport, Cambridge est peut-être préférable à Oxford même, parce que ses dix-sept collèges, moins vastes pour la plupart que les vingt-quatre de sa rivale, y sont mieux groupés et plus rapprochés. Presque tous sont disposés les uns à la suite des autres le long d'une limpide et profonde rivière, qui arrose et embellit une série de parcs remplis d'arbres comme on n'en voit nulle part ailleurs. Chaque collège a son parc, et ces parcs ne sont séparés entre eux que par des grilles à jour ou des fossés sans murs, de sorte que leur réunion forme une vaste forêt de haute futaie, au milieu de laquelle on voit surgir les tourelles, les clochers et les toits crénelés des collèges. A Oxford, plus isolés, les préaux, les jardins, les parcs consacrés aux récréations des maîtres et des étudiants sont encore plus vastes ; les uns vont se confondre avec la campagne environnante ; dans les autres, on voit errer sur des pelouses incomparables, à l'ombre de ces arbres séculaires qui sont là comme partout la plus belle parure de l'Angleterre, des troupes de cerfs ou de paons, que l'on entretient respectueusement parce que le fondateur l'a ainsi voulu il y a trois ou quatre siècles. Ce sont les jardins d'Armide, transportés des régions de la féerie dans celles de l'histoire et de l'éducation réelle. »

L'illustre écrivain que je ne me lasse pas de citer, parce qu'il exprime dans un style admirable des impressions que je ne saurais essayer de rendre autrement à moins de traduire les pages enthousiastes consacrées à ces merveilleux souvenirs par les plus grands hommes d'État de l'Angleterre elle-même, jette à la fin de cette description ce cri touchant, écho des sentiments britanniques auquel la comparaison involontaire de notre servitude intellectuelle ajoute pour nous une note douloureuse :

« Il faut plaindre l'Anglais dont la jeunesse se passe loin d'un tel séjour. Il faudrait plaindre surtout celui qui, après y avoir vécu, se souviendrait sans émotion de ces voûtes, de ces cloîtres, de ces ombrages, de ces chants religieux, celui qui, appelé dans la suite de la vie et au sein des luttes politiques à discuter ou à juger les idées et les institutions dont Oxford et Cambridge sont les types et les sanctuaires, en se reportant aux plus rayonnantes années de sa vie, ne se représenterait pas à lui-même tel que l'enfant dont parle le poète:

> ... Si quid
> Turpe paras, ne tu pueri contempseris annos,
> Sed peccaturo obsistat tibi filius infans.

« Mais un tel oubli est aussi rare que réprouvé ; et tant que la très-grande majorité des fils de la classe supérieure sera élevée aux Universités, tant que celles-ci conserveront leur indépendance et leur organisation actuelle, on peut être convaincu que la vieille société anglaise conservera aussi une armée de champions énergiques, intelligents et dévoués. »

Il y a déjà vingt-cinq années que ces lignes ont été écrites. Je n'oserais pas affirmer que les choses qu'elles dépeignent soient exactement ce qu'elles étaient alors. Je ne sais même si les nécessités de l'évolution nouvelle ne forceraient pas Montalembert lui-même à présenter d'une manière moins absolue ses conclusions conservatrices. Oxford fut un moment le centre d'action de la *Jeune Angleterre*. Le mouvement religieux, à la fois critique et enthousiaste, dont sont sortis les Newman et les Manning, put être considéré comme une renaissance du sentiment moral et de l'esprit d'exégèse, et les espérances catholiques ont pu se vanter de ce que la moitié des étudiants d'Oxford communiaient en 1850, tandis qu'en 1825 un tel acte eût paru tout à fait extraordinaire. Mais depuis cette période d'effervescence archaïque, le progrès des études scientifiques et des idées positives a déplacé le centre d'action, et ce n'est plus vers Oxford que se tournent les regards de la *Jeune Angleterre* de notre temps, ce serait plutôt vers Cambridge, et c'est surtout vers la jeune Université de Londres, animée de l'esprit libéral de Henry Morley, l'intelligent historien de la littérature anglaise, et de notre compatriote Charles Cassal, membre alsacien de la Constituante de 1848 et l'un des proscrits de 1851.

Certainement, au point de vue des études proprement dites, des réformes étaient à désirer et des progrès à accomplir ; mais, en y travaillant, les tendances démocratiques et logiques de notre époque ne risquent-elles pas de porter atteinte à des principes d'un autre ordre ? C'est ce que l'avenir décidera. En présentant au lecteur un tableau rétrospectif des conditions sociales sous l'empire desquelles s'est produite la grandeur de l'Angleterre, je puis l'avertir des transformations que ces conditions subissent sous nos yeux, mais je ne saurais décider si l'éducation nationale ne risque pas de perdre ce que gagnera l'instruction générale et abstraite.

III

La plupart des villes, et même d'une faible importance, possèdent des écoles publiques établies par des dotations. On y enseigne surtout le latin et les mathématiques. Elles sont de trois degrés. Dans celles du second degré apparaît l'enseignement du grec. Les écoles du premier degré, sous leur nom modeste de *Grammar Schools,* peuvent rivaliser, pour l'étendue et la hauteur de l'enseignement, avec nos collèges et nos lycées. Les actes de 1869 et 1873 ont régularisé le régime administratif de ces écoles, qu'ils ont soumises au contrôle d'une commission spéciale. Neuf grands collèges, ceux de Winchester, Westminster, Charterhouse, Saint-Paul, Eton, Harrow, Rugby, Shrewsbury, et celui des Merchant Tailors, ont reçu la qualification légale et été soumis, en 1861, à un régime exceptionnel, quant aux conseils d'administration qui les gouvernent, et où sont représentés les parents et les élèves à côté des maîtres, des universités et des corps savants. Parmi les autres collèges qui tendent à conquérir la même importance, s'ils ne la possèdent déjà, il convient de nommer Marlborough, Cheltenham, Leamington, Brighton, Bath, Malvern, et surtout Clifton College, dont le succès rapide est presque entièrement l'œuvre du docteur Perceval.

De leur côté, Oxford et Cambridge ont étendu leur sphère d'action d'un bout à l'autre de la Grande-Bretagne, et aux examens institués par le département de l'instruction publique, les deux anciennes Universités, comme animées d'un souffle nouveau, en ont ajouté dans toutes les villes pour les enfants de la petite bourgeoisie et même les classes populaires qui ne peuvent songer à suivre les cours des grands collèges aristocratiques. En vue de ces nouvelles séries d'examens, il est fait périodiquement, par leurs hauts gradés, dans tous les centres de quelque importance, des cours ou conférences (*lectures*) dont le programme embrasse, avec le latin, le grec, l'histoire, la philosophie et la littérature, l'économie politique et les différentes branches des sciences physiques.

Mais avant de parler de ce mouvement d'extension de l'enseignement universitaire hors du sanctuaire où il s'était renfermé jusqu'à ces dernières années, mouvement qui implique toute une révolution sociale, il faut rappeler ce que l'État lui-même vient d'accomplir pour l'enseignement, qui, dans un État démocratique, doit être considéré comme la base de l'édifice national.

Lorsque le savant Fourcroy fut chargé, au commencement de ce siècle, de restaurer les études dans la République, il suivit le programme de la Convention, et aux illustres membres de l'Institut qu'il délégua dans les départements, il donna pour instructions de ne provoquer l'intervention de l'État que là où l'insuffisance des initiatives locales le rendrait nécessaire, et de procéder, autant que possible, par la subvention de l'enseignement libre plutôt que par sa suppression. Mais un plan aussi libéral ne pouvait satisfaire aux vues autoritaires de Napoléon, qui remit bientôt aux mains catholiques de M. de Fontanes l'établissement de son instrument de règne ; toute la matière de l'enseignement public fut de plus en plus réglée par l'intervention directe de l'État. Or, tandis que nous avons suivi, en France, le plan de Fontanes, c'est à celui de Fourcroy que l'on s'est, sciemment ou non attaché jusqu'ici en Angleterre.

Jusqu'en 1870, l'enseignement primaire y fut exclusivement entretenu par des donations privées, entre les mains des divers corps religieux relevant, soit de l'Église officielle, soit des sectes qui se partagent la fraction du protestantisme anglican demeurée indépendante de l'État.

La loi de 1870, œuvre du parti qui est rentré récemment au ministère, fut une véritable révolution scolaire. Elle autorisa le gouvernement à ordonner, partout où l'enseignement lui paraîtrait insuffisant, l'élection par les contribuables de Comités scolaires, *School Boards*, qui auraient le pouvoir, dans leur circonscription, de créer des écoles, d'imposer des taxes, de contracter des emprunts, de rendre obligatoire l'assiduité aux écoles, de poursuivre les parents des réfractaires, et de les faire condamner à diverses pénalités allant d'une légère amende jusqu'à l'emprisonnement.

Les maîtres sont nommés par le comité local, et rétribués au prorata des succès obtenus par leurs élèves dans les examens à six degrés (*standards*) qui furent institués, examens donnant lieu à des certificats et confiés aux soins d'inspecteurs nommés par la Reine.

Sous l'administration torie, qui remplaça, en 1874, le gouvernement dirigé par M. Gladstone, et dans laquelle, conformément à l'ancien usage, le directeur du département de l'Instruction publique (*education*, en anglais), cessa de faire partie du Cabinet, l'État par l'Acte de 1876, rendit aux circonscriptions intéressées, — au conseil municipal dans les villes, au comité des *Guardians* (sorte de marguilliers) dans les paroisses, — son droit d'ordonner la création de School Boards là où il n'en existait pas encore. L'État n'intervint plus directement que pour établir, à défaut de School Boards, et sans élection directe par les citoyens, des commissions de surveillance chargées de veiller à l'assiduité des enfants aux écoles existantes, mais non d'en créer de nouvelles. Il fut aussi réglé qu'à partir de 1881, les manufacturiers ne pourraient employer aucun enfant de moins de quatorze ans non muni d'une autorisation délivrée par des inspecteurs, après justification des connaissances acquises.

Le but de ces modifications à l'Acte de 1870 était, conformément aux principes du parti tory, de laisser, dans le développement des institutions scolaires, une plus grande part aux initiatives privées et locales. Selon toute probabilité, le nouveau ministère doit reprendre et développer le principe fondamental de la réforme de 1870, à savoir le droit par l'État d'intervenir indirectement dans la création des écoles jugées nécessaires. Un des membres les plus éminents de l'inspectorat, M. Matthew Arnold, a déjà exposé, à cet égard, les demandes du parti autoritaire radical. M. Arnold professe une grande admiration pour l'uniformité du système français, et beaucoup de personnes, avec lui, désireraient voir le gouvernement anglais établir dans l'instruction primaire une organisation universelle, régulière, simple, directe, et, par-dessus tout, économique.

Au point de vue de l'obligation, le grand vice du système actuel est que le pays se trouve soumis à deux régimes opposés. Dans certaines parties de la contrée, rien ne limite le pouvoir des sectes religieuses et la liberté des familles ; ailleurs, au contraire, règne souverainement le contrôle de la loi, exercé parfois avec une certaine dureté. Ces deux régimes coexistent côte à côte, et souvent presque sur les mêmes points.

Les reproches adressés aux School Boards, — et particulièrement à celui de Londres, qui, sous la présidence de sir Charles Reed, a déployé, depuis onze ans, une activité vraiment extraordinaire, — sont élevés par les contribuables, qui se plaignent de l'augmentation annuelle des taxes scolaires et du prix énorme de revient des nouveaux établissements. On a, en effet, calculé que les frais d'écolage par tête d'enfant, sont, en Angleterre, plus de deux fois, et à Londres, en particulier, plus de trois fois aussi considérables qu'en France. On attaque aussi l'efficacité réelle du nouvel enseignement, qui donne trop de place à la préparation hâtive et artificielle des examens.

Pour apprécier les progrès accomplis néanmoins sous l'empire des lois scolaires de 1870 et 1876, il faut comparer les chiffres. La première subvention accordée par l'État pour l'encouragement de l'instruction élémentaire fut de cinq cent mille francs. Elle fut votée en 1833 et attribuée aux deux grandes sociétés rivales, l'une organisée sans esprit de secte, l'autre strictement orthodoxe, dites *Association scolaire britannique et étrangère*, et *Association scolaire nationale de l'Église d'Angleterre*. La répartition de cette somme unique couvrit une période de quatre années.

A partir de 1846, la subvention devint annuelle et fut portée à deux millions et demi, cette somme étant en partie appliquée à l'encouragement des écoles préparatoires des instituteurs. En 1859, elle s'élevait à près de vingt et un millions de francs.

Aujourd'hui, l'instruction primaire figure au budget pour un chiffre de quatre-vingt-dix millions, auquel s'est ajouté, en 1878, celui de dix-neuf millions, provenant de contributions volontaires. Le total des payements d'écolage était, en 1877, de trente-quatre millions. Indépendamment des contributions qu'ils ont levées, les School Boards ont appliqué la loi qui les autorise à contracter des emprunts jusqu'à un total de deux cent huit millions.

La répartition des dépenses scolaires entre les divers ordres d'écoles suit à peu près la proportion suivante : Église officielle, 54 pour 100; School Boards, 26 1/2 pour 100 ; Association britannique (écoles fondées sur le plan Lancaster, indépendantes de l'Église officielle), 10 pour 100 ; écoles catholiques romaines, 5 pour 100 ; écoles Wesleyennes, 4 1/2 pour 100.

Dans ces relevés officiels, que nous sommes bien loin de donner comme complets, en ce qui regarde les écoles dissidentes et l'initiative privée, il ne faut considérer que l'augmentation des subventions publiques et l'invasion correspondante du domaine privé. Cette augmentation est devenue assez lente en ce qui regarde la subvention directe de l'État ; mais les dépenses, les contributions, les emprunts des School Boards s'accroissent chaque année d'une manière qui mérite de fixer l'attention.

Cependant le chiffre de 26 1/2 pour 100 que nous venons de donner est supérieur à la proportion des écoles qu'ils entretiennent ; car ce chiffre indique la proportion de leurs dépenses totales, mais il est à remarquer que les frais des School Boards sont, par tête d'enfant, supérieurs à ceux, par exemple, des écoles de l'Église officielle dans la proportion de plus d'un quart.

D'un autre côté, on assure que l'impulsion donnée par l'établissement des School Boards n'a pas eu pour unique résultat de remplacer en beaucoup de lieux l'initiative privée par l'autorité publique ou l'action de l'Église par celle d'un corps laïque : dans l'ensemble, au contraire, cette concurrence aurait provoqué au sein de l'Église et des corporations religieuses un redoublement d'activité ; en sorte que le progrès s'est accompli des deux côtés à la fois.

D'après les tableaux officiels, plus de sept mille écoles nouvelles ont été ouvertes de 1870 à 1878, dont plus de deux mille par les School Boards. L'instruction primaire, en 1878, pouvait être donnée, dans tout le royaume, à plus de quatre millions et demi d'enfants. Ces chiffres se sont encore accrus depuis les derniers recensements publics. Mais le nombre des enfants inscrits est de beaucoup inférieur à celui que les écoles pourraient contenir, et beaucoup d'enfants inscrits ne figurent que sur les registres.

Dans la même période, le nombre des écoles de l'Église officielle, en Angleterre seulement, s'est élevé de six mille trois cent quatre-vingt-deux à dix mille neuf cent trente-huit; celui des écoles catholiques, de trois cent cinquante à six cent quatre-vingt-treize ; et celui des écoles religieuses dissidentes, de mille cinq cent quarante-neuf à deux mille quatre-vingt-six, — toujours suivant les relevés officiels.

Or, au total, à la date du 31 août 1878, on comptait en Angleterre (y compris le pays de Galles) quinze mille deux cent quatre-vingt-treize écoles, pouvant contenir trois millions neuf cent quarante-trois mille trois cent trente-sept élèves, dont trois millions cent cinquante quatre mille neuf cent soixante-treize inscrits, et une moyenne de deux millions quatre cent cinq mille quatre cent six assidus : tandis que le nombre des élèves inscrits en juin 1868 était, pour la même partie du royaume, de trois millions cent vingt-sept mille quatre cent vingt-sept, avec une assiduité moyenne, dans les écoles inspectées, de près de cinq pour cent supérieure en 1868.

Ajoutez à ces éléments l'accroissement considérable de la population durant ces dix années, et la conclusion sera que les résultats acquis n'ont été ni proportionnels à l'augmentation des dépenses publiques et à la multiplication prétendue des écoles, ni équivalents à ce qui a été perdu en liberté.

Voilà, du moins, ce que nous trouvons de bonne foi dans la statistique, d'où il est si facile, d'ailleurs, de tirer ce que l'on veut, et dont certainement, sous le régime à haute pression du nouveau système, messieurs les instituteurs, rétribués *selon les résultats*, et messieurs les inspecteurs de Sa Majesté, qui sont les personnes les plus occupées du royaume après le Prince de Galles, ont fait sortir tout ce qu'il était humainement possible d'en distiller.

En un mot, nous craignons qu'il n'en soit de cette question comme celle de l'Université de Paris, qui ne fut jamais plus florissante qu'à l'époque où, suivant les hommes doctes, elle n'existait pas, vu que son existence alors n'est constatée par aucun décret officiel parvenu jusqu'à nous.

Je n'aime pas les interférences de l'État. Je crois que, hors de son domaine restreint, il gâte ce qu'il touche, et, en ce qui regarde l'enseignement primaire en Angleterre, les chiffres qu'on vient de comparer me donnent raison.

Mais il y a d'autres considérations à produire sur

cette question sujette pour nous à des confusions provenant surtout de la différence de sens des termes dans les deux pays, et aussi de la différence des institutions. Rien, par exemple, n'est plus difficile à comprendre pour chacun des deux peuples que ce qui se fait et se dit chez l'autre relativement au cléricalisme et à l'esprit laïque. Les observations suivantes, auxquelles il en pourrait être ajouté beaucoup d'autres, et qui ne sont du reste que le résumé de ce que nous avons dit sur l'Église d'Angleterre dans le précédent chapitre, où nous renvoyons le lecteur, suffiront sans doute pour le convaincre que la question de laïcité de l'enseignement en Angleterre ne se pose pas du tout dans les mêmes termes qu'en France.

L'autorité suprême de l'Église anglicane est le Parlement, un corps laïque. Des quakers comme John Bright et Lewis Fry ; des Méthodistes, des Unitariens ; des Baptistes, depuis 1829 ; des juifs. depuis hier ; demain, des mahométans,... gouvernent l'Église officielle d'Angleterre.

Plusieurs sectes dissidentes n'ont pas de clergé.

Le clergé est à la tête de la plupart des collèges (lisez *facultés*) et des écoles (lisez *collèges*).

Le clergé, dans plusieurs de ses membres, marche en avant de la science, du progrès, des idées.

L'Église officielle s'appelle l'*Église nationale*. La lutte entre ce parti et les adversaires de ce parti a pour objectif les termes *État*, *Individu*. Le dogme n'est pas en question, le culte n'est pas en cause. Le Whig n'est pas moins scrupuleux, dans son zèle pour la Bible, que le Tory. Le premier reproche adressé au clergé officiel par les dissidents est celui de tiédeur.

Des trois grandes divisions de l'Église anglicane, la *haute*, la *large*, et la *basse*, — *High Church*, *Broad Church*, *Low Church* : — celle de la Cour, penchant vers Rome et ses pompes, celle de la Science, qui cherche l'esprit sous la lettre, celle du Peuple, de la lettre, de la tradition étroite, — la plus chère au parti libéral, aux dissidents, aux ennemis de l'officialisme, est la troisième. C'est, au contraire, la première qui a fleuri à Oxford, dans le tabernacle de l'officialisme, d'où est sortie la doctrine du docteur Pusey, laquelle a conduit récemment le docteur Newmann au cardinalat.

Les School Boards, corps éminemment laïques, sont institués en vertu de la loi, mais par le vote des contribuables. Depuis 1876, leur élection est décidée par des corps locaux où l'élément clérical occupe une grande place. La majorité peut, comme partout ailleurs, y être conservatrice, libérale, cléricale, Haute ou Basse Église.

Le mouvement de réforme de l'instruction primaire, au commencement de ce siècle, a eu pour auteurs des quakers ou des méthodistes. C'est le succès des écoles créées par eux, les écoles *lancastriennes*, qui a déterminé la concentration des forces de l'Église officielle.

Cette Église, ainsi que l'Église romaine, a, depuis l'institution des School Boards, presque doublé, comme nous l'avons vu, le nombre de ses écoles. Si l'on ajoute aux établissements de l'officialisme religieux ceux des School Boards, on verra que la proportion des écoles dissidentes ou libres est devenue, depuis 1870, relativement minime. Il est clair que la révolution scolaire de 1870 a été le triomphe de l'officialisme sur l'individualisme, nullement une défaite de l'esprit clérical par l'esprit laïque.

Les rapports de 1868 parlent d'un million d'enfants élevés dans de petites écoles privées non autrement dénommées. Je ne retrouve plus, dans les dénombrement récents, l'équivalent de ces écoles privées.

La statistique de 1868 évalue à quatre cent mille le nombre des enfants alors sans instruction. Je n'ai pas le chiffre actuel correspondant ; je trouve seulement que, pour 1868, la différence entre le nombre des enfants inscrits et celui des élèves qui suivent réellement les cours fournit un chiffre d'environ sept cent cinquante mille.

L'instruction donnée aux enfants comprend naturellement, avant tout la religion, et de l'enseignement religieux fait partie l'étude de l'histoire du peuple juif. Mais cet enseignement est, aujourd'hui, absolument distinct de l'instruction scolaire subventionnée par l'État.

Jusqu'en 1846, les écoles de l'Église officielle avaient eu le privilège à peu près exclusif des encouragements de l'État, et cette question de privilège fit longtemps obstacle à l'intervention publique en faveur de l'instruction élémentaire. Le clergé *établi*, comme on l'appelle, — c'est-à-dire *officiel*, — se plaignait que l'enseignement des autres écoles, notamment des écoles lancastriennes, fût un enseignement athée, — *godless*, — parce que l'instruction religieuse selon la formule n'y était pas la base et la condition première des études.

Cependant l'accession, non seulement des sectes dissidentes, mais des catholiques, et plus tard des juifs eux-mêmes, au Parlement et aux fonctions publiques, condamnait l'exclusivisme de *l'État-Église* en matière d'enseignement. Il fallut en venir

WINDSOR, CHATEAU DE LA REINE D'ANGLETERRE.

à distinguer catégoriquement l'instruction proprement dite de l'éducation religieuse. L'État cessa d'imposer aux écoles subventionnées un formulaire officiel; mais en même temps, il évita de reconnaître, même implicitement, les formulaires dissidents.

Tandis qu'en France la laïcité de l'enseignement a pour objet, dans l'esprit de la plupart de ses promoteurs, d'affranchir l'éducation des influences cléricales, sa première raison d'être, en Angleterre, est simplement de dégager l'État-Église à la fois de toute lésion des consciences et de tout compromis contraire au formulaire officiel. Cette différence essentielle vient de ce que l'Église prédominante n'a pas, en France, un caractère national, et de ce qu'elle a ce caractère chez nos voisins. Il ne faut jamais perdre de vue cette considération fondamentale quand on compare l'état social des deux pays.

Ainsi s'expliquent les stipulations de l'Acte de 1870, qui ne furent point inspirées par la défiance ou l'hostilité envers l'Église. Jusque-là les inspecteurs royaux devaient appartenir à la même confession que les écoles qu'ils inspectaient. Aujourd'hui l'enseignement religieux ne les regarde pas, et certains d'entre eux, chargés d'inspecter les écoles de l'Église *établie* comme tout autre école, appartiennent aux sectes les plus indépendantes.

Il fut un moment question de laisser aux autorités locales le droit de décider du caractère confessionnel de l'école; mais l'on finit par régler qu'aucune subvention ne serait accordée aux écoles confessionnelles, c'est-à-dire appartenant exclusivement à la confession officielle ou à telle ou telle autre; que la subvention ne s'appliquerait qu'aux branches d'enseignement séculier; enfin, qu'il n'en serait plus accordé pour la construction d'écoles nouvelles que sous la réserve de la liberté de conscience pour les élèves.

Les branches de l'instruction scolaire que tout enfant de moins de quatorze ans, à partir de 1881, doit posséder pour être admis dans une manufacture, diffèrent peu de notre programe d'enseignement élémentaire. L'enfant doit lire avec intelligence quelques vers choisis par l'inspecteur et en réciter cinquante à son choix. Il doit écrire couramment huit lignes sous la dictée, ce qui offre en Angleterre une difficulté exceptionnelle, vu la complication de l'orthographe, qui embarrasse souvent même les personnes instruites. Il doit, de plus, analyser une phrase simple, cela suivant un mode assez différent du nôtre. Il doit répondre d'une manière satisfaisante aux questions qui lui sont posées sur l'histoire générale d'Angleterre depuis l'époque où nous avons l'habitude de la faire commencer jusqu'à la conquête normande, et sur la géographie générale du Royaume-Uni et de ses colonies. Enfin, ses notions d'arithmétique doivent comprendre les règles d'intérêt composé, et, ce qui pour l'Anglais n'est pas tant aisé, le système des poids et mesures en usage.

Voilà l'idéal, où l'histoire des voisins de l'Angleterre n'entre pour rien. Relativement aux programmes suivis jusqu'ici, M. Matthew Arnold, ce grand admirateur du ministre français qui, regardant l'heure à sa montre, disait : « Je sais en ce moment quel devoir on corrige dans tous mes collèges! » reproche à l'instruction primaire de son pays d'être moins complète que la nôtre, ayant en moins, comme matières obligatoires, la grammaire, la géographie et l'histoire nationale. Il est vrai qu'aux quatre sujets obligatoires, — lecture, écriture, arithmétique, chant, — s'ajoutent treize sujets facultatifs, parmi lesquels le latin et le français figurent aux premiers rangs; mais le choix de tel ou tel d'entre ces sujets dépend du conseil de l'école, et l'on constate malheureusement que ce choix est plus souvent dicté par le désir d'obtenir des résultats brillants dans les examens que part l'utilité pour l'élève.

C'est là une des conséquences du système de rétribution des maîtres *selon les résultats*, inauguré en 1862 par l'auteur du *Code revisé* de l'enseignement public, M. Lowe. Les observateurs les plus sérieux s'élèvent contre les méthodes de *bourrage*, — *cramming*, — en usage pour la préparation aux examens de toute nature. On cite des cas où, moins d'un an après avoir obtenu le certificat supérieur, celui du sixième degré, l'enfant est retombé dans l'ignorance des premiers rudiments, la mémoire seule ayant été affectée par le procédé, sans aucun éveil de l'intelligence. Voilà les fruits de l'instruction cumulative, hâtive et d'apparat, dont nous savons bien en France quelque chose.

En fait de gratuité, le principe de la loi de M. Guizot, — la gratuité aux indigents, — a jusqu'ici paru suffisant en Angleterre, mais n'est pas toujours libéralement appliqué. Les familles dispensées des frais d'écolage pour leurs enfants ne figurent que pour une proportion de trois pour cent dans le total, et j'ai vu des cas très durs, des procès scandaleux, des condamnations rigoureuses pour impuissance à payer les écolages, bien que minimes, — de vingt-cinq centimes environ par semaine.

On reproche aux School Boards de multiplier les frais administratifs et de faire de l'architecture, plutôt que de s'occuper de l'instruction des enfants pauvres. Le principe de la gratuité, au lieu de s'étendre, tend à se restreindre. L'école commune devient trop propre pour les enfants déguenillés. On crée pour ceux-ci des écoles qui portent ce nom : *Ragged-Shcools*, les écoles de guenilles. — La misère, traitée comme crime, conduit au crime. Au sortir de l'école de la guenille, l'école de réforme pénitentiaire attend trop souvent l'enfant du pauvre. Là, son éducation spéciale se termine, et quand il en sort, il est jeté sur le pavé des grandes villes, où un million peut-être de vagabonds couverts de lambeaux errent dans l'infamie... Enfant du pauvre ? Je me trompe. Où cesse le pouvoir de payer à échéance, la paternité perd ses droits.

IV

Il me reste à dire quelques mots de la situation du personnel enseignant. L'instituteur anglais n'est pas l'employé du gouvernement, mais celui des administrateurs de son école. Il peut être congédié à volonté, moyennant une indemnité de trois mois de traitement. Il n'a droit à aucune retraite: Il ne peut pas devenir inspecteur.

L'établissement des School Boards, cela est indéniable, a déjà amélioré davantage sa position. C'est lui qui gagnera le plus à l'envahissement de l'école par l'État. Dépendance pour dépendance, il préfère devenir fonctionnaire public.

Le nombre des instituteurs diplômés en exercice a plus que doublé depuis 1870. Il s'élève aujourd'hui à plus de trente mille, sans parler de six mille adjoints et plus de trente mille élèves-maîtres. Cette augmentation résulte déjà de l'extension du système officiel.

Le salaire des instituteurs diplômés varie entre 1250 et plus de 7500 francs ; celui des institutrices, entre 1000 et plus de 5000 francs. En moyenne leurs émoluments sont d'un quart supérieurs à ce qu'ils étaient il y a dix ans. Mais, en regard de cette augmentation, il faut tenir compte de l'enchérissement presque continu de la subsistance et des loyers, et de l'élévation des taxes.

Dans la Grande-Bretagne, plus de sept mille instituteurs et de six mille institutrices ont le logement gratuit.

Les traitements des inspecteurs des écoles primaires, au nombre de cent vingt-huit, varient entre 5000 et 22500 francs.

Les écoles normales primaires, ou collèges d'*en-*

traînement, — *Training Schools*, — dont le premier établissement remonte à 1846, fournissent annuellement environ quinze cents instituteurs ou institutrices en Angleterre, et cinq cents en Écosse. Le séjour y est de deux années.

Ces écoles sont des établissements privés. La difficulté confessionnelle s'est opposée dès leur création à ce qu'on leur donnât un caractère officiel. Mais la voie où l'État est entré depuis 1870 conduit à la réglementation, là comme ailleurs la question religieuse étant déjà écartée en principe.

L'enseignement du latin, du grec, du français et de l'allemand fait partie du programme de la presque totalité des écoles normales d'hommes et de plusieurs écoles de femmes. Le niveau des connaissances requises des instituteurs s'élève chaque jour. La connaissance grammaticale du latin et du français tend à devenir indispensable, du moins en fait.

Pour compléter l'instruction de cette classe de maîtres, on a pris en Écosse, pays par excellence où les études sont en honneur, l'initiative d'admettre les élèves des écoles normales primaires, aussi bien que leurs concurrents qui n'appartiennent pas à ces écoles, à des cours d'ordre relativement supérieur fondés en dehors d'elles. Cette pratique se généralise; et à cet objet semble éminemment propre un nouvel enseignement inauguré depuis peu d'années qui a pris rapidement des développements considérables et avec lequel l'enseignement classique des vieilles universités comptera bientôt.

Je ferai remarquer, à ce sujet, que la délimitation des enseignements *secondaire* et *supérieur* est beaucoup moins exacte en Angleterre que chez nous. Ces expressions même n'y sont pas en usage. Le nouvel enseignement dont je parle tient de l'un et de l'autre, quoiqu'il n'ait ni la rigueur du premier ni la hauteur du second. Ce n'est pas notre enseignement *secondaire spécial ;* car il est universel, il embrasse les études classiques. Mais il est spécial dans ce sens, que les inscriptions sont prises pour telle ou telle branche en particulier, au choix de l'élève. On l'appelle vaguement *intermédiaire*. C'est proprement un enseignement complémentaire, à l'usage des adultes des deux sexes. Les cours, soit du jour, soit du soir, en sont suivis librement par les personnes inscrites, qui se comptent quelquefois par centaines.

La création du Musée universel de South Kensington, où a été déversé le trop-plein de British Museum, a donné lieu à l'établissement des premiers cours de cette nature. Là fut inauguré un système d'inscriptions et d'examens qui s'est répandu depuis dans beaucoup de villes, chaque ramification se rattachant librement au faisceau central.

Des écoles supérieures de demoiselles, — *High Schools*, — simples externats à l'usage des adultes, fondées par des associations libres qui *élisent* la directrice et les maîtres, dépendent plus ou moins de ce système ou de ceux des universités. Malgré la dénomination de *hautes*, qui supposerait que les cours n'y sont destinés qu'à compléter l'enseignement des pensionnats, c'est souvent l'asile des jeunes personnes de la classe peu aisée, auxquelles l'accès coûteux des pensionnats est interdit. Le véritable nom de ces écoles serait *externats pour l'instruction élémentaire supérieure des filles.*

Le succès de la jeune et libérale Université de Londres a provoqué la création de divers *Collèges-Universités*, appelés *Universités* par abréviation, qui se rattachent à la fois au système de l'Université de Londres, par les examens, à celui de South Kensington par les cours extra-universitaires, enfin à celui même des vieilles Universités d'Oxford et de Cambridge par les subventions de ces riches corps destinées à y élever l'enseignement à une certaine hauteur peu rémunérative par elle-même. Ces collèges sont fondés par des associations libres, auxquelles prennent part beaucoup de personnes étrangères aux localités, mais s'y rattachant par des amitiés, des intérêts ou des souvenirs. Les maîtres qui prélèvent comme émoluments une partie des inscriptions de leurs propres élèves, y sont divisés en deux classes : en *lecturers*, autorisés pour une année, et *professors*. à titre définitif.

Une parenthèse au sujet de ce titre de *professeurs*. Tout le monde en Angleterre peut se dire *teacher*, c'est-à-dire donner des leçons privées ou faire des classes, ou *lecturer*, c'est-à-dire faire des conférences, des cours publics. Car la nécessité d'une autorisation pour ouvrir un cours public quelconque est une idée inaccessible à l'esprit anglais. Les grades universitaires sont hautement prisés, mais nullement nécessaires. Le rectorat des Universités est offert annuellement aux sommités politiques, graduées ou non, et de simples *esquires*, sans aucun grade, sont parfois chargés des examens. Quant au titre de *professeur*, il ne s'assume pas par la fonction ni par le grade. Il est le produit de l'élection par un collège supérieur, et survit indélébible, à la fonction.

L'enseignement intermédiaire dont je viens de parler est très favorable aux ambitions nouvelles des jeunes femmes, surtout par suite des résolutions de l'Université de Londres les admettant aux études médicales.

Le côté attrayant des expériences physiques porte surtout l'attention vers ce genre d'études. Ce goût du reste, en Angleterre, n'est pas nouveau ; La Fontaine disait déjà des Anglais :

> Creusant dans les sujets, et *forts d'expériences*,
> Ils étendent partout l'empire des sciences.

Des sommes énormes y sont dépensées par les particuliers en publications et en appareils scientifiques. Dans des cours innombrables, les diverses classes de la population sont successivement conviées à voir et à comprendre les résultats des investigations nouvelles.

On a dit beaucoup de mal des corporations et de leurs privilèges ; mais on ne peut nier que l'émulation de leurs collèges fait beaucoup pour l'instruction. Tandis, par exemple, que la bizarre méthode d'Euclide continue à torturer l'esprit des élèves des vieilles universités, le directeur de l'École industrielle et commerciale établie par la corporation des armateurs (*merchant venturers*) de Bristol, et qui instruit plus de trois cents enfants d'ouvriers ou de petits boutiquiers, depuis le premier âge jusqu'aux limites supérieures d'un enseignement spécial très élevé, y a depuis plus de vingt ans introduit la méthode française de la géométrie dans sa plus grande simplicité et rectitude. Il a, pour cet objet, formé des maîtres, et s'enorgueillit de donner à cet égard, ainsi que pour le dessin industriel, la géographie et les autres connaissances pratiques, une instruction populaire bien supérieure à celle que les rejetons des souches aristocratiques reçoivent dans les collèges universitaires.

Longue et consolante serait la statistique de ces bienfaits de la liberté. Elle est heureusement nombreuse, en Angleterre, la classe des esprits et des cœurs voués au vrai et au bien qui, après celui de savoir eux-mêmes, regardent comme leur premier devoir la moralisation du peuple par l'instruction. J'ai pu laisser percer quelque défiance quant aux moyens employés. J'ai pu ne pas m'éblouir des deux cent cinquante-huit écoles nouvelles établies par le School Board de Londres (1878), des vingt de Sheffield, des vingt et une de Birmingham, des vingt-deux de Manchester, des quarante-trois de Leeds... J'ai pu craindre qu'en sacrifiant la liberté à l'uniformité, on ne lâchât la proie pour l'ombre. Mais il est un doute que je n'ai pas eu : c'est celui du zèle immense de cette classe lettrée pour le progrès chez elle et dans le monde.

V

L'ANGLAIS ET LA LOI

Eschyle, dans son drame politique des *Perses*, dit que le meilleur rempart d'une ville, c'est le cœur des citoyens. De même, la meilleure des constitutions est celle qui n'est pas écrite sur le parchemin ou le papier, mais dans les consciences et dans les coutumes. Car elle est une réalité, non une fiction; elle est sanctionnée par l'expérience, et ne peut pas être détruite par les décrets de la force.

En Angleterre, non seulement la constitution publique est presque entièrement fondée sur des précédents, mais dans une foule de litiges particuliers, c'est la tradition qui fait loi ou qui du moins sert à l'interprétation et à l'application de la loi.

Il arrive parfois que les précédents varient comme la loi elle-même; c'est-à-dire que plusieurs précédents peuvent être opposés l'un à l'autre, comme diverses lois sur le même objet peuvent être opposées l'une à l'autre ; car il est rare qu'en édictant une nouvelle loi, le législateur se donne la peine d'abroger les lois plus anciennes sur la matière ; et malgré le besoin senti par tout le monde d'une codification, les tentatives qui en ont été faites sont jusqu'à présent très limitées. Je dis que tout le monde en sent le besoin, à l'exception des gens de loi, des *lawyers,* qui prêchent abondamment dans cette eau trouble.

Aussi l'Anglais a-t-il un respect superstitieux pour la loi, qu'il ignore presque absolument. Ce n'est pas son affaire de la connaître, et qui, même parmi les *lawyers* et les juges, oserait affirmer qu'il la connaît ? Lorsque l'avocat évoque un texte, le juge demande le volume, et de concert avec les conseils judiciaires des parties, l'étudie séance tenante. Si le cas lui paraît offrir quelque difficulté, il se réserve de l'étudier plus à fond et de consulter des confrères : alors il renvoie la cause à huitaine. Souvent même, quand un cas de droit épineux est soulevé, il se déclare incompétent et en réfère à une cour supérieure.

On voit ici fréquemment la procédure suspendue et le jugement modifié au moment où il allait être prononcé suivant telle loi récente ou usuelle.

— J'invoque le bénéfice de l'acte de l'an IX d'Élisabeth ou de l'an IV d'Edouard III, interjette l'avocat.

— Alors c'est différent, dit le juge.

Pour compliquer les affaires les plus simples et en retarder presque indéfiniment la solution, la loi et l'usage offrent toujours mille moyens ingénieux et pour en user à plaisir, il suffit d'avoir un avocat retors et un *solicitor* actif, et beaucoup d'argent à dépenser.

Les Anglais se vantent d'être illogiques. Rarement prétention ne fut mieux justifiée. Cette pente à l'illogique, au complexe, au contradictoire même, ne se montre nulle part avec plus d'éclat que dans leur organisation publique de la justice, organisation qui semble avoir pour but de détourner les particuliers de faire appel à l'intervention de la loi dans leurs affaires, et qui dans un grand nombre de cas y réussit. L'Anglais a horreur de la procédure, et ce n'est assurément pas sans cause. Car, dans son ignorance parfaite de tous les us et de toutes les règles qui sortent de sa pratique familière, il sait que l'oubli d'une forme quelconque de procédure peut le priver de son droit, et qu'au contraire une subtilité de procédure de son adversaire peut changer totalement l'aspect de la cause, ou du moins en placer la poursuite au delà des limites de ses facultés.

En ceci comme dans le reste, l'Angleterre est restée fidèle à des usages que nous avons depuis longtemps abandonnés. J'ai compté jusqu'à treize juridictions opposées dans une affaire qui se plaidait en France au XIVe siècle, et qui fut, je crois, abandonnée au bout de cent cinquante ans, faute d'une solution possible. Les Anglais n'en sont pas restés absolument là ; car ils ont en somme une Cour suprême, la Chambre des Lords, à laquelle on peut appeler de toutes les juridictions supérieures; néanmoins, quiconque a lu *Bleak House*, de Charles Dickens, peut se faire une idée de ce qu'était, il y a peu d'années, un procès en Chancellerie.

Un mot terriblement ironique : les procès en Chancellerie se jugeaient en *équité*. Que peut bien être un jugement en équité, et en quoi diffère-t-il d'un autre jugement? C'est un jugement dans lequel la loi stricte est laissée de côté et cède la place à une procédure complexe et dispendieuse, aboutissant à la souveraine opinion du juge, assisté ou non d'un jury.

Jusqu'à ces dernières années, les tribunaux de loi stricte et les cours d'équité ont marché côte à côte, ou plutôt en opposition celles-ci avec ceux-là, et se plaisant à rendre des arrêts contradictoires. Des réformes sont intervenues. Le *Common law procedure Act* de 1852 a introduit quelques simplifications. Le *Judicature Act* de 1873 a fait rentrer les cours de Chancellerie dans un système de cinq grandes cours reliées entre elles sous le nom de *Haute Cour de Justice*, et qui jugent à la fois selon la loi et en équité.

Mais ces corrections n'empêchent pas qu'un plaideur qui a du temps et de l'argent à perdre ne puisse se dérober totalement aux poursuites les plus justifiées. Aussi les grands procès, dont vivent grassement les hommes de loi et qui s'éternisent comme l'ulcère d'un mendiant, ont-ils lieu soit entre Compagnies, qui ne dépensent que l'argent de leurs actionnaires et cherchent à se donner une raison d'être, soit entre millionnaires à la mode anglaise, c'est-à-dire jouissant de plusieurs millions de francs de revenu, lesquels plaident pour le principe, quelquefois par puéril entêtement, d'autres fois pour fixer un point de jurisprudence et déterminer un précédent, et qui n'hésitent pas à sacrifier cinq ou six milles livres sterling pour obtenir un farthing de dommages-intérêts.

Une botte de foin, cinq à six mille livres!

se plaignait Chicaneau dans dans les *Plaideurs* de Racine; mais là l'impossible de la comédie est dépassé.

L'Anglais hésite entre deux sentiments opposés : la crainte des procès, dont il connaît le coût, et le dépit d'être pris sans vert, d'être ce qu'il appelle *cheated*. L'amour-propre lutte contre l'intérêt, et selon les circonstances, tantôt c'est l'un qui triomphe, tantôt l'autre. Si l'amour-propre est une fois en jeu, nulle considération ne l'arrête. Ceci arrive plutôt dans les questions personnelles que dans les affaires. Car l'Anglais fait de sa vie deux parts très distinctes, et de même qu'il serait malséant d'invoquer auprès de lui en affaires les motifs personnels, de même il n'admet pas qu'on lui parle affaires quand il a fermé la porte de son bureau. Dans ses opérations commerciales, il fait d'avance la part des mécomptes à subir, et inscrit sans sourciller des pertes énormes, peu prompt à se donner la peine de poursuites qu'il suppose ne pas devoir aboutir ; mais dans ses rapports personnels, il est chatouilleux à l'extrême, et ne recule devant aucun sacrifice pour faire reconnaître ce qu'il regarde comme son droit. Et souvent cette notion de son droit n'est pas autre chose que la négation du droit d'autrui, même dans les détails mesquins ; car il n'est pas de si petite occurrence que l'Anglais, qui observe tout, y laisse échapper l'occasion de prendre barre sur autrui et d'affirmer son droit de possession. Ainsi dans un omnibus, il se regarde comme maître de toute la place qui n'est pas occupée par le nombre de voyageurs réglementaire, et dès qu'un voyageur descend, il vous oblige à vous déplacer afin d'occuper lui-même un plus large espace, jusqu'au moment où un nouveau voyageur vous force à reprendre avec lui votre première position. Et ces mouvements fastidieux, et qui, dans bien des cas, peuvent vous être parfaitement désagréables, surtout si vous n'aimez pas à essuyer la place chaude qu'une autre personne vient de quitter, il les renouvellera dix fois sans se lasser, parce qu'il n'a point vos susceptibilités nerveuses, que son esprit sans aliment intellectuel demande à ces petites choses un emploi, et que son orgueil illimité le pousse sans cesse à occuper le plus de place possible.

Ces nuances ne s'observent, bien entendu, que dans des classes cultivées, où l'esprit est parvenu à une certaine acuité. Dans les autres, le tempérament flegmatique laisse trop de lenteur aux impressions pour que les rapports fins et rapides entrent en jeu, et la personnalité ne se manifeste que par une brutalité généralement inconsciente et maladroite.

L'Anglais n'est ni méchant, ni querelleur, ni agressif; mais il est méfiant, inquiet de son droit; naturellement dominé par des impressions, que son éducation lui enseigne non pas à corriger, mais à dissimuler, et d'une ténacité invincible dans toutes ses résolutions, bonnes ou mauvaises, petites ou grandes.

Quant au droit d'autrui, son premier principe est de ne pas s'en occuper, pour deux raisons : la première, que donne Horace, poète favori des Anglais, quand il dit que de sauver personne malgré lui, c'est comme si on le tuait :

Invitum qui servat idem facit occidenti.

Le respect de la liberté d'autrui laisse Sganarelle battre sa femme ou bien en être battu. L'autre raison, c'est que chacun doit s'occuper de ses affaires : *Mind your own business;* en bon français : *Chacun son métier, les vaches seront bien gardées.* Aussi le peuple laisse-t-il les gens s'entretuer sans même faire appel au *policeman ;* c'est pour lui un spectacle comme un autre.

Sans aucun doute, l'Anglais instruit a acquis un autre sens de sa responsabilité. Il est arrivé à comprendre l'universalité du droit, la solidarité, la charité. Il sait que toute atteinte portée au droit de son voisin est *his own business,* et à défaut du précepte de Térence :

> *Homo sum, atque humani nihil a me alienum puto,*

l'humanité lui est enseignée par l'Évangile. Aussi intervient-il quelquefois, dans un cas public, moins peut-être pour faire observer la justice, ce qui est généralement onéreux, que pour donner une leçon de morale aux délinquants, *to lecture them*, ce qui ne coûte rien.

Puis, outre une rare indépendance et une force de situation que ne se sent pas l'homme du peuple, le rôle de redresseur de torts ou de moraliste réclame, dans la pratique journalière, une vivacité de sensation et de réflexion qui n'appartient qu'à des natures cultivées. Même celles-ci seront-elles souvent empêchées de manifester leurs impressions par des raisons de timidité ou de convenance, et n'agiront-elles pas devant un public nombreux comme elles le feraient dans un milieu restreint après s'être rendu compte de toutes les physionomies présentes.

Ce n'est pas qu'un sens profond d'humanité et de justice n'habite sous la rude écorce de l'homme du peuple, et qu'une fois mise en mouvement, cette passion ne puisse produire des effets grands ou terribles ; mais elle est comme engourdie dans l'épaisseur du corps lourd, et demande, pour être éveillée, l'action en masse sous le fouet d'une volonté éloquente.

Il paraît résulter de ces observations complexes et délicates sur le tempérament du peuple anglais, une explication naturelle des contradictions de son droit et de sa loi, émanations confuses et spontanées de l'individualité, limitées çà et là par le veto brutal des nécessités publiques. Rien de moins abstrait, de moins systématique que son génie. Toute doctrine absolue excède son entendement. Il répugne au régulier, au catégorique, au théorique. Pour reprendre toute la matière législative et en faire un corps méthodique, il faudrait poser des principes dont il n'a cure, mettre en cause des points acquis dont il a jusqu'à présent composé le plus clair de son credo. Ce qui est, a pour lui cette raison d'être, que cela est, et ce qui a été bon pour un temps lui paraît avoir des titres à être bon pour un autre. Cependant une nouvelle nécessité se montre clairement, soit dans l'ordre particulier, soit dans l'ordre public : on y donne satisfaction avec lenteur, avec prudence, et sans rien changer de ce qui est déjà établi. C'est une arme nouvelle qu'on met entre les mains soit des particuliers, soit de l'État, laissan les anciennes disponibles tandis qu'on fait l'expérience des nouvelles, étant admis qu'il sera toujours temps de donner aux lois récentes un caractère plus absolu quand elles auront fait leur stage dans la pratique de la jurisprudence, et qu'il est bien plus sûr de laisser une loi tomber en désuétude que de la rayer d'un trait de plume avant que les intéressés se soient déshabitués de son usage.

C'est à ces conditions sévères, c'est en plaçant la loi au-dessus des fantaisies éphémères des pouvoirs ou de l'entraînement des passions, c'est en plaçant le droit lui-même au-dessus de la loi, que l'Angleterre est parvenue à donner et à conserver au monde l'exemple d'un peuple ayant quelque titre à se vanter d'être libre.

VIII

LES CORPORATIONS. — L'ARISTOCRATIE TERRITORIALE

Ce n'est point pur caprice si nous terminons notre excursion à travers la nation et les mœurs anglaises en associant les Corporations de métier ou de négoce et l'Aristocratie, si opposées en apparence. Le lecteur, après nous avoir écouté, ne manquera pas d'apprécier qu'il n'est guère possible, surtout ne leur accordant que quelques pages succinctes, de ne pas les confondre.

On adresse beaucoup de reproches à ces corporations de la Cité, dont les privilèges, battus en brèche de part en part, ne sauraient guère être défendus. Leurs rentes, provenant d'antiques donations, se sont accrues par une plus-value du sol dont elles ne sont pas les auteurs, quoiqu'elles en soient les bénéficiaires. Les revenus immobilisés entre leurs mains sont détournés du but poursuivi par les donateurs. Les amas de vaisselle plate de Guildhall et les dîners succulents des aldermens et de toute la livery ne suffisent point pour convaincre les hommes de progrès, qui ne voient dans ces institutions archaïques que des fossiles. Les voitures d'apparat et les costumes du XVIIe siècle sont fidèlement exhibés chaque année, sur la route de Westminster, le long de la Tamise, de Whitehall et du Strand, pour la procession du nouveau Lord Maire et sa visite au Parlement, et les élèves du collège des Blue Coats, en observation de statuts qui datent du moyen âge, se montrent encore dans les rues tête nue et rasée avec leurs basques bleues et leurs bas jaunes... Mais il est un point que les hauts seigneurs de la mercerie et de la draperie (qui ne sont la plupart du temps ni merciers ni drapiers) ont oublié dans la poussière des chartes : c'est que les riches revenus qu'ils perçoivent et accumulent sans en rendre compte à âme étaient constitués dans un intérêt public, dont il n'est plus aujourd'hui question ; c'est, notamment, que les dotations des écoles corporatives avaient pour objet l'éducation des enfants pauvres, et qu'on n'y reçoit aujourd'hui que les enfants riches.

Il n'y a donc rien d'étonnant à ce que l'esprit de

nivellement de notre époque s'attaque à ces constructions inutiles et démodées. Le conseil municipal des School Boards a déjà introduit son contrôle dans tout ce qui regarde l'éducation populaire, et il est fortement question de faire franchir Temple Bar, par la brèche ouverte, au comité des travaux publics du reste de Londres, et de ranger toutes les parties de la ville sous une même municipalité. Le passé n'oppose à ces entreprises du futur qu'une résistance d'inertie. Il tombe moins sous les coups de ses adversaires que par sa propre incurie.

Je serai moins dur, moins tranchant, je conserve plus d'espoir, plus de pente à l'illusion si vous voulez, en ce qui regarde l'aristocratie territoriale. Et je ne suis pas surpris que les banques de Lombard Street, que les cabinets d'affaires de toutes les ruelles étroites qui descendent du Royal Exchange vers la Tamise et où s'accumulent les finances de l'univers, n'aient point conservé cet influx vital des vieilles mœurs, ce sens de la forme, ce génie social, cette tradition humaine qu'il me semble retrouver encore dans l'aristocratie héréditaire, en présence des manoirs crénelés qui se vantent d'avoir vu les guerres des Roses, devant ces tours normandes qui mêlent leurs symboles romains aux protestations de la Réforme, au sein de cette nature vigoureuse qui ravive les grands noms de l'histoire de ses senteurs toujours jeunes.

Je dois, d'ailleurs, me hâter d'ajouter que la vie de tout Anglais est double, que la Cité est consacrée aux affaires, et que c'est ailleurs qu'il faut suivre ses membres les plus occupés à l'accumulation du capital pour les retrouver dans leurs fonctions d'homme et de citoyen, à côté de l'aristocratie, dont l'origine, le développement ou le maintien ne sont pas toujours eux-mêmes étrangers aux affaires.

Quand on parle de l'immensité de certaines fortunes territoriales d'Angleterre, on ne songe ordinairement pas assez à l'immensité des devoirs qui les accompagnent, devoirs dont la plupart des seigneurs du sol sont pénétrés et dont ils font la base de l'éducation de leurs enfants. Là encore aujourd'hui, comme chez nous au moyen âge, celui qui est le plus attaché à la glèbe, c'est celui qui en a reçu de par la loi la propriété inaliénable. On cite des personnages qui possèdent en biens-fonds des comtés presque entiers, presque toute une ville ; le duc de Westminster, par exemple, propriétaire du sol d'un tiers de Londres. Des économistes, John Stuart Mill entre autres, sont d'avis que la plus-value de ces terrains, fruit du travail des populations, du progrès général, ne revient pas légitimement aux héritiers du détenteur originel. Quoi qu'il en soit des applications possibles de cette doctrine, la possession de ces propriétés énormes est loin d'être une sinécure. Leur administration constitue de vrais départements ministériels, dont la gestion équitable intéresse des centaines de mille familles.

Le système féodal subsiste sur beaucoup de points, c'est-à-dire que les contrats de louage y restent subordonnés à la reconnaissance du droit de patronage, quoique partout où la noblesse créée par Henry VIII et ses successeurs s'est enrichie des dépouilles de l'Église et des monastères, ces traces du passé aient été abolies avec soin par les nouveaux propriétaires, qui n'avaient avec les populations aucun lien moral et historique.

Là où le vieil esprit de devoir réciproque s'est conservé, des ridicules et des abus peuvent en être la conséquence. Ainsi l'on a fait grand bruit, il y a quelques années, de la prétention d'un hobereau à forcer tous les tenanciers de son fonds à venir lui rendre l'hommage au jour anniversaire de sa naissance. Sur le refus du maire d'une ville importante, homme riche et respecté, de se livrer à cet acte de vasselage, il considéra le déni d'hommage comme un motif suffisant de résiliation d'un de ces longs baux qui équivalent à une vente, permettant de planter et de bâtir sans autre égard au droit territorial que la faible redevance annuelle qui en paye la cession ; et, de son chef, sans autre forme de procès, il l'expulsa.

Mais de tels faits sont rares. Généralement, les marques de respect par lesquelles les populations s'associent aux joies de famille des seigneurs du sol sont volontaires et spontanées, et fournissent l'occasion de festivités champêtres et de libéralités aux pauvres gens. Dans un bourg qui jouit encore aujourd'hui du droit d'envoyer à lui seul un membre au Parlement, où la proportion d'instruction et de politesse est au moins aussi haute que dans toute autre ville du royaume, mais où l'éloignement des grands centres industriels a laissé subsister les anciennes mœurs, j'ai vu toutes les rues pavoisées, toutes les corporations en mouvement, des députations de jeunes filles en blanc et couvertes de fleurs, à l'occasion du mariage de je ne sais plus quel jeune seigneur du pays, bien que la propriété y soit dès à présent très divisée. Tout ce peuple était en liesse, et ne paraissait obéir à aucun autre mobile qu'un instinct naturel conforme à la tradition.

L'aristocratie qui est l'objet de telles manifestations de sympathie, dont elle ne saurait se faire forte pour exercer une tyrannie quelconque, y répond au contraire en usant patriarcalement des droits que lui confère la propriété territoriale. On peut, au nom des idées modernes d'égalité, critiquer cette puissance exceptionnelle dévolue à quelques familles, ces honneurs singuliers, ces titres, ces symboles, ce respect d'un peuple qui salue du nom de *grand homme*, *great man*, l'héritier des grands biens, l'octroi qu'un seul fait à des milliers des conditions de développement et de bonheur qui devraient appartenir également à tous. Il n'en faut pas moins dans un tableau tracé sans passion de la société anglaise, constater le noble usage que la majorité de l'aristocratie fait de son pouvoir.

Tandis que notre bourgeoisie moderne croit avoir rempli son devoir social quand elle a fait tendre tous les moyens que lui donne la possession du capital à l'accumulation de l'argent entre ses mains, sans aucune préoccupation ni du sort de ses instruments ni des incertitudes de l'avenir, l'aristocratie anglaise, qui ne connaît pas l'économie politique mais qui a une tradition à la fois politique et humaine, n'exerce son droit capitaliste que dans les limites de ce qui lui paraît juste et expédient.

Sa richesse, il est vrai, est immense; mais un nombre infini de personnes en bénéficient, et qui ne

BALMORAL CASTLE, CHATEAU DE LA REINE D'ANGLETERRE.

sont pas seulement des parasites, comme ceux que créent la bureaucratie et la finance, mais au contraire des travailleurs maintenus par l'intérêt dans les voies de la moralité.

La rente du sol sur ces *estates* qui enferment des comtés et des villes, est minime, presque nominale. Supposez leur division en petites propriétés ou leur mise en valeur par l'État, la situation du tenancier du fermier, de l'ouvrier, de toutes les pauvres gens qui, par droit d'usage, jouissent de la pâture et d'autres privilèges sur des biens regardés en partie comme communs, sera immédiatement et irrévocablement aggravée. Le petit peuple des campagnes ne désire pas cette évolution, et il faut bien convenir qu'il a quelques bonnes raisons pour cela.

Ce patronage contre lequel s'irritent nos prétentions égalitaires, ne se manifeste guère que pour introduire dans les contrats particuliers des clauses d'utilité générale, par exemple pour ordonner le plan et la construction des habitations suivant un concept esthétique ou pour soumettre l'industrie à des règlements qui ménagent tous les droits et préviennent les discordes. Des villes entières, celle de Tynemouth, à l'embouchure de la Tyne, celle de Ramsgate, celle d'Acklington, celle d'Eastbourne, doivent tous leurs embellissements aux ducs de

Northumberland et de Devonshire, possesseurs du sol.

Le village féodal avait pour loi de se suffire à lui-même, de réunir dans son étroit rayon toutes les industries nécessaires à la vie sociale. L'extension des échanges et la facilité des communications ont frappé de mort ce vieux système; mais les nouveaux seigneurs du sol n'en ont pas moins continué à prendre souci de la subsistance des travailleurs accumulés autour du siège de leur famille, en créant, en développant les industries les plus propres au terrain ou au milieu. L'existence et le progrès de plusieurs grands centres industriels sont dus à l'initiative et à la générosité de tel ou tel membre de l'aristocratie.

Du reste, les chefs de l'aristocratie ne dédaignent pas de s'occuper des grandes affaires. Ils l'ont fait, au début, pour employer leurs tenanciers; ils le font aussi pour assurer leurs revenus et conserver leur rang dans l'activité sociale. En même temps qu'ils vivent plus en dehors des habitudes patrimoniales, ils se désintéressent davantage de l'administration de leurs biens, dont la gestion devient une affaire de simple bureaucratie sur un plan uniforme. Car l'Anglais imagine peu, et préfère copier ce qui a pour soi le bénéfice de l'expérience. Ainsi le caractère personnel de la maîtrise s'évanouit, la fusion s'opère, le nivellement s'accomplit, la forme meurt.

Disraeli peint, sous la figure de lord Monmouth, les derniers représentants de l'ancienne aristocratie territoriale tels qu'ils existaient encore au commencement du règne actuel. Le portrait suivant, qui la résume, n'est nulle part dans *Coningsby;* mais il est partout, et je n'ai eu qu'à en assembler les parcelles disséminées :

« Lord Monmouth ne manquait jamais d'énergie pour son intérêt personnel. Perçait à jour toutes les faiblesses, et calculait l'usage qu'il en pouvait faire pour son plaisir. Regardait la nature humaine, de l'œil d'un jockey cherchant le défaut d'un cheval; au reste, ne haïssait que ses enfants. Dans les circonstances qui exigent un déploiement de sympathie, n'avait garde d'y manquer, et payait quelqu'un pour cette besogne. D'un ton parfait, n'était jamais égoïste dans les petites choses ; jugeait le sentiment de mauvais goût, et surtout méprisé par les femmes ; avait horreur de toutes les scènes, particulièrement des démonstrations publiques et des tumultes populaires ; dédaignait l'opinion et voyageait pour fuir son pays puant de libéralisme. Craignait le ridicule. N'était jamais dupe de sa vanité. N'avait aucun amour-propre, n'estimait personne et ne vous donnait sur lui aucune prise. Respectait un homme riche, la seule chose qu'il ne pût acheter. Voyait dans le monde une mascarade courant à une curée. Voulait des compagnons ou très riches ou très pauvres: ses égaux ou ses outils. Ne demandait pas d'où venait la distraction, pourvu qu'elle vînt. Payait généreusement ceux qui l'amusaient. Préférait les femmes de théâtre à celles du monde. Déclarait Paris l'université où chacun doit prendre ses degrés. Ne pouvait vivre ailleurs. Pour gagner un duché ou sauver son parti, n'eût pas consenti à être ennuyé. Était brave. N'était jamais plus grand que dans l'adversité. Devenait partisan d'une mesure qui lui ôtait seize bourgs, mais lui créait une excitation. »

Il est curieux, par parenthèse, de rapprocher des jugements très sévères de l'auteur de ce portrait sur l'aristocratie anglaise ce qu'il pensait de la noblesse de France. Voici un passage où il fait lui-même le rapprochement: — « Lord Monmouth ne recevait à Paris que la noblesse française. Ses salons retentissaient de ces noms illustres dont s'illuminent les pages de l'histoire, indissolublement unis aux annales glorieuses d'une grande nation ; fantômes d'une aristocratie qui n'est plus, mais qui a été, qui fut fondée sur un principe de raison, qui appliqua de grands privilèges à de grands objets, dont le devoir héréditaire la maintint sous les yeux ouverts du pays, et qui justifia sa haute situation par un courant continu d'actions d'éclat; — bien différente de cette prétendue aristocratie anglaise, qui est toute de fraîche date, et n'a d'autres origines que le pillage des biens de l'Église, c'est-à-dire du peuple, l'asservissement de la Couronne, et le commerce des bourgs pourris. »

Un autre rapprochement assez piquant est celui de ces grandes figures du passé, de quelque façon qu'on les juge, avec celle d'un membre actuel du Parlement britannique, telle que la traçait récemment M. John Wilkson.

Je donne textuellement cet extrait pour ne pas en prendre à ma charge les traits satiriques et pour les laisser entièrement sous la responsabilité de l'humoriste anglais :

« Tout n'est pas couleur de roses dans cette grande et haute situation, l'une des plus enviées en Angleterre. Un siège à la Chambre des Communes ! Voilà le rêve que caresse le moindre avocat du Temple ; voilà l'ambition de tout légiste, voilà le secret désir du financier, du négociant millionnaire, de l'industriel enrichi. Ces deux consonnes, M. P., sont comme l'aimant qui attire, comme le prisme qui éblouit: c'est l'estampille suprême de la *respectability*, c'est l'épanouissement de l'influence fructueuse, c'est la dernière marche de l'entrée du temple des dignités et des honneurs...

« Et pourtant vous ne rencontrez pas un seul membre du Parlement qui ne se plaigne avec amertume de son sort et de son affreuse corvée. Et d'abord, le candidat qui se présente aux élections parlementaires ne s'appartient plus. Lui et sa bourse se prodiguent du matin au soir et du soir au matin. Tiraillé par son comité et par ses raccoleurs de votes (*canvassers*), le futur M. P. tremble d'effroi à la seule pensée que, s'il se montre généreux on l'accusera de corruption, et s'il lésine on ne le nommera pas. Riche, ses adversaires et ses concurrents lui reprocheront, quoi qu'il fasse, d'avoir acheté les suffrages; pauvre, il est à la merci de ceux qui font les frais de son élection. S'il se présente dans un bourg vénal, et il y en a de tels, il est obligé de jeter son or par les fenêtres, avec neuf chances sur dix d'être invalidé, et par conséquent d'avoir dépensé des sommes fabuleuses en pure perte. Dans une circonscription indépendante et fière, il en existe encore, il devient l'humble serviteur de ses électeurs, même les plus obscurs.

« Il faut qu'il soit d'une politesse toujours égale, d'une patience angélique, qu'il ne s'épargne ni les visites les plus fastidieuses, ni les poignées de mains les moins sincères; il faut qu'il subisse des interrogatoires impudents ; il faut qu'il prononce des discours. Il faut plus : il faut qu'il ait une jolie femme, et que celle-ci l'aide avec intelligence. Il n'est pas un électeur récalcitrant qui résiste au sourire placé à propos d'une jolie femme.

« Enfin, le grand jour est arrivé : le candidat est élu. Il est arrivé triomphalement au terme de cette période enfiévrée; mais il est anéanti, ses forces sont à bout. Il est malade, brisé, contusionné, meurtri par ses électeurs en délire. M. Joseph Cowen, l'un des orateurs les plus écoutés de la Chambre, a pensé ne pas s'en relever. A la fatigue physique se joint l'accablement moral. Il se souvient avec honte des pasquinades auxquelles il lui a fallu se soumettre, à l'exemple de ce Lord sans siège à la Chambre Haute qui, devant une Assemblée électorale, dut jouer une pièce bouffonne et se travestir en polichinelle.

« Maintenant, sans trêve aux inquiétudes que lui causent les pétitions de ses adversaires en vue de son invalidation, il faut qu'il envoie une adresse de remerciements aux braves gens qui l'ont nommé, une à tous en général? ce serait peu; mais une à chacun en particulier, ce qui n'est pas petite affaire. Car dès le lendemain de son élection, il songe à son élection future. Ces choses-là en Angleterre se mènent de loin, vu que l'Anglais est entêté et rancunier. Pour ne pas mécontenter les gros bonnets, il leur écrit de plates assurances de sa gratitude, avec offres de service, dont les gros bonnets ne manquent pas de prendre acte, et dont ils usent. Ils répondent aussitôt, et la correspondance qui s'établit, ce n'est jamais l'élu qui a le droit de l'interrompre.

« Les Chambres sont convoquées; la session s'ouvre. Si la situation politique est calme, il peut prendre des arrangements, régler ses affaires, pourvoir à son installation à Londres pour le mois de février. Mais si tout d'un coup les événements se compliquent, s'il prend fantaisie au premier ministre de ne plus pouvoir se passer de la coopération du Parlement et de le réunir au mois de novembre pour quelques semaines, ou un mois plus tôt que de coutume, il faut que le député abandonne à la hâte ses occupations, qu'il bouleverse tous ses plans et coure siéger à Westminster

« Une fois là, on vient l'appeler de quart d'heure en quart d'heure de la part de gens qu'il ne connaît pas, mais qui, paraît-il, ont voté pour lui, ou qui sont parents ou amis de ceux qui ont voté pour lui... Le sourire aux lèvres, il reçoit les créanciers de son élection.

« — Oh! nous demandons peu de chose. Une petite place dans le *Strangers gallery*, pas davantage. Vous voyez, nous ne sommes que cinq; mais des bons... Ce n'est pas nous qui aurions voté pour un autre que vous; cela, jamais!

« — Cinq places! Diantre !... Mais c'est que je viens d'en donner pas mal, et je crains...

« — Ah! si nous avions su!

« L'infortuné, qui redoute que les votes ne lui échappent, s'ingénie à trouver les cinq places ; ou, si cela est absolument impossible, il promène ses visiteurs dans les couloirs, à la bibliothèque, à la salle où on prend le thé, au fumoir; il les conduit à la Chambre des Lords; où ne les conduirait-il pas pour s'en défaire, heureux lorsque la sonnette électrique retentit et que les huissiers crient de leur voix sonore :*Division! Division!* l'avertissant qu'il faut aller voter.

« Et cela se passe ainsi tous les soirs, sans parler des exigences spéciales des dames et de la nécessité d'obtenir des places dans la galerie du Speaker pour les électeurs influents. »

Si un « honorable » quelconque du Palais-Bourbon voulait parler vrai, probablement conviendrait-il, qu'en beaucoup de points, Palais-Bourbon et Westminster se valent.

Revenons au noble emploi que font de leur fortune les seigneurs du sol.

Entr'autres, le duc de Westminster a créé à Eaton un village industriel, avec ateliers de construction et habitations, appelé le *Yard*, et occupé par une sorte de corporation dont tous les membres considèrent comme une précieuse faveur d'y être admis; car ils savent qu'ils y trouveront, avec le travail, les garanties du travail, la justice, la paix, ce bon voisinage qui est une fête de tous les jours, la sécurité du lendemain, l'éducation de l'enfant, le respect du vieillard.

Sans aller jusqu'à Eaton, j'ai trouvé un jour à Londres, en montant de Battersea Park à Wandsworth Common, un vaste terrain occupé par une douzaine de longues rues en rectangle bordées de petites maisons élégantes, variées, fleuries. Toute cette petite ville souriante, heureuse, est soumise à des règlements spéciaux, qui en font une série de petits phalanstères moralistes où la sobriété est posée comme premier principe. Elle appartient, si j'ai bonne mémoire, au duc de Northumberland.

D'autres essais de cités ouvrières, à la mode de Paris, ont été faits dans l'intérieur de Londres et d'autres villes, principalement par l'initiative de sir Sidney Waterlow, le grand imprimeur et ancien Lord Maire de la cité de Londres. Ces bâtiments élevés, et dont chaque étage abrite plusieurs familles, sont construits sur des modèles élégants, avec des couloirs extérieurs qui permettent aux enfants la promenade et le jeu sur place, et qui, le soir, étalant, d'un corps de bâtiments à l'autre, toutes les rangées superposées des familles réunies, ne manquent ni de pittoresque, ni de gaieté. Cela n'empêche pas qu'il ne s'en exhale un air de prison ou de caserne, et l'esprit d'ordre et de propreté des matrones anglaises ne parvient pas à éloigner des murs cette fétidité qui accuse toujours une population trop pressée.

Je ne puis, pour ma part, voir dans ces derniers essais, malgré la bonne intention de leurs auteurs, autre chose qu'une malencontreuse imitation du continent jointe à de tristes calculs d'épargne du sol. Rien ne vaut pour l'homme libre sa place au soleil, et bien loin de conseiller aux Anglais de copier, comme la bourgeoisie elle-même commence à le faire dans Victoria Street, à Paddington et ailleurs, notre promiscuité à six étages, c'est l'exemple de l'Angleterre que je proposerais à la France. Le but du progrès social me paraît être avant tout, pour l'ouvrier, l'indépendance de sa petite maison.

Parmi les actes de munificence qui justifient l'accumulation de la richesse entre des mains généreuses, il est inutile de rappeler aux Parisiens ceux de sir Richard Wallace, dont la bienfaisance ne s'est pas arrêtée à l'Angleterre, et a doté Paris de ces fontaines élégantes, dont l'eau fraîche est si précieuse en été pour les classes populaires.

Paris, assiégé, avait déjà et à maintes reprises, été l'objet de la délicate autant qu'inépuisable munificence du lord anglais.

Paris, qui se souvient, honore et vénère son bienfaiteur.

Il nous est infiniment agréable de clore cette trop rapide mais loyale étude de la nation anglaise par un respectueux hommage de reconnaissance envers l'un de ses plus dignes citoyens.

APPENDICE

I. — Les origines de la nation Anglaise

Il est bien difficile d'analyser les divers types humains que présentent les trois grandes divisions du Royaume-Uni. Contentons nous de reproduire, à cet égard, les conclusions auxquelles est arrivé M. Thomas Nicholas, dans sa profonde et sérieure Étude des origines celtiques du peuple anglais intitulée *The Pedigree of the English people* :

« La discussion psychologique semble prouver que quelques-unes des plus nobles qualités mentales et morales du peuple anglais, sont d'origine celtique. Sans doute, il serait hardi à un Anglais de se déclarer Celte ou Teuton ; l'anthropologie n'en prouve pas moins que l'ancienne race bretonne est pour beaucoup dans la formation du type actuel. La preuve en est fournie par un témoin qui ne peut errer : ce témoin n'est pas l'Histoire, c'est la Nature. Son témoignage ne repose pas sur une opinion, une théorie, un parchemin illisible, un système de parti, une tradition vague : il est écrit en caractères ineffaçables sur les traits de myriades de créatures humaines, et se traduit perpétuellement par les activités intellectuelles et morales de la nation. Les signes de descendance fournis par les manifestations physiques et mentales d'un peuple sont plus infaillibles, pour la science, que les plus catégoriques assertions des historiens. Sur la peau, dans les yeux, dans chaque fibre de la chevelure, est retracée l'origine de l'homme. Or l'anthropologie, l'anatomie, la physiologie, s'accordent avec la psychologie et avec les recherches ethnologiques des antiquaires, pour nous amener à notre conclusion : à savoir que la nation anglaise est une mosaïque de couleurs diverses et harmonieuses, mais parmi lesquelles deux prédominent : une claire, qui est teutonique, une brune et sombre qui est celtique. L'esprit anglais est un composé de deux classes d'activités, chacune d'une importance essentielle dans la création des idées d'ordre supérieur : l'une violente, ardente, esthétique, qui est celtique ; l'autre patiente, profonde, solide, qui est teutonique. »

Les traditions primitives sont très vagues. On retrouve l'élément celtique ; mais nous savons peu ce qu'étaient les Celtes. Les Celtes du pays de Galles, *Wales*, portent un nom presque identique à celui des Gaulois, *Gauls, Galls, Galates;* or, d'après les premiers résultats de ce genre de recherches, il paraîtrait que les Gaulois n'auraient avec les Celtes que des rapports plus éloignés, par exemple, qu'avec les Latins. Comme néanmoins on confond généralement Gaulois et Celtes, et que l'on nous considère comme le plus clair rejeton de cette prétendue famille, les Celtes d'Irlande et des Galles nous font l'honneur de nous regarder comme leurs plus proches parents.

Quoi qu'il en soit, c'est de Gascogne et d'Armorique (mais qu'entend-on là par Armorique ? le mot est bien vague) qu'on fait partir les premiers Celtes qui émigrèrent de Gaule en ce qui fut la Bretagne des Latins. Il est vrai que, plus tard, c'est de la Bretagne transmarine qu'on fait émigrer inversement nos populations bretonnes, dans l'hypothèse que notre péninsule armoricaine était déserte au temps des Romains, que les nombreux villages qu'ils y trouvèrent n'avaient pas d'habitants, que personne ne passait par les routes qu'ils y construisirent, et qu'il y eut un Concile de Vannes sans traces de christianisme dans la province.

Les traditions galloises et danoises ont conservé le souvenir d'une ancienne migration du Jutland par la même voie qu'ont suivie, aux temps historiques, les Saxons et les Angles. Ces envahisseurs s'appelaient, dit-on, Cymry, et voilà un rapprochement tout fait avec les Cimbri des Romains, avec les Κιμμέριοι d'Hérodote; pourquoi pas d'Homère? Malheureusement *Kymry*, en gallois, signifie *confédérés*, et rien ne prouve que ces Kymry ne furent pas simplement des Celtes. Il est encore vrai que d'anciens textes nous donnent des Κέλται pour des Germains. S'y reconnaisse qui voudra! Les Belges auraient, depuis, chassés les Celtes du sud-est de l'île, et ces Belges étaient, assure-t-on, de la famille teutonique. Pourquoi donc César nous parle-t-il de la Gaule Belgique?

Ce que l'on suppose un peu gratuitement, et que, pour ma part, je me garderai bien d'affirmer, c'est que, si nous ne savons pas grand'chose de l'île de Bretagne avant l'arrivée de César, les Romains de ce temps-là n'en savaient pas davantage. Les Carthaginois et les Marseillais commerçaient avec des îles qu'Hérodote appelait *Kassitérides*, et dans lesquelles on veut voir, sinon les îles Britanniques du moins les îles Scilly. Généralement on connaît les gens avec qui l'on commerce, et il serait difficile qu'on eût connu les îles Scilly sans connaître les îles Britanniques.

On a fait dériver le nom de *Bretons* d'un mot celtique *brith* ou *brit*, signifiant *peint*, et l'on ajoute, d'après César, que les anciens habitants de l'île se peignaient en bleu.

Le nom de l'île, dans les anciennes poésies bretonnes, était, dit-on, *Inis Prydhain*, l'île *Prydhain*. Mais on ignore absolument ce que veut dire ce *Prydhain*, après tout très voisin de *Britain*. Faites plutôt prononcer *Britain* par un Allemand.

César dit que la plupart des navires gaulois à la destination de la Bretagne abordaient par le Kent (*Cantium*). Cette habitude n'a point changé, et ne prouve point que la Bretagne fût inconnue de la Gaule avant César, pas plus que la Gaule n'était inconnue des Romains, ni même des Grecs, puisque les officiers de César, pour se faire entendre ; durent quelque part y parler grec. Les historiens sont trop portés à raccourcir l'histoire et à nier ce qu'ils ignorent.

Suivant l'envahisseur romain, les Bretons, — qui de temps immémorial recevaient les navires gaulois, commerçaient avec Carthage et Marseille, et leur vendaient de l'étain, que sans doute ils savaient extraire, — ces Bretons, véritables sauvages tatoués, aux longs cheveux, cultivaient peu la terre, se nourrissaient surtout de viande et de poisson. Il est vrai que leurs héritiers mangent très peu de pain. Les *Commentaires* ajoutent que la communauté des femmes existait par groupes de dix à douze familles ; cette limitation, observe un critique, n'existe plus. Les enfants de chaque femme appartenaient à celui qui l'avait possédée le premier : c'est rarement le cas aujourd'hui ; les mœurs se perdent. La divinité que les Anglais d'alors vénéraient avant toutes était Mercure, le dieu du commerce, de la richesse et des voyages : en ceci la race n'a point changé. .

Je ne puis rappeler ici les divers actes de cette lutte héroïque pour l'indépendance qui a inspiré à Tacite l'immortel discours de Galgacus, et qui a transmis aux siècles le nom de la reine Boadicée, dont la défaite se serait, dit-on, achevée au nord de la ville de Londres (*Augusta*) et aurait laissé une trace dans le nom de *Battle Bridge* (le *pont de la bataille*), sur un point du district de Saint-Pancras.

Les Calédoniens, d'après Tacite, étaient une race pastorale, chasseresse et guerrière, tatouée de figures d'animaux, peu vêtue, armée de petits boucliers, d'épées courtes et de poignards.

Au temps de Constantin, les habitants du Nord sont appelés Pictes et Scots.

Il est généralement admis que les habitants des cinq provinces de la Bretagne romaine furent refoulés par les invasions anglo-saxonnes en Écosse, en Irlande, dans le pays de Galles et celui de Cornouailles, et même sur le continent. Il est cependant probable qu'une bonne partie de ces populations conserva ses anciennes habitations et se confondit avec l'envahisseur germanique : dans quelle proportion et en continuant d'exercer quelle somme d'influence ? c'est ce qu'il est aujourd'hui difficile de conjecturer. Constatons seulement que les Anglais s'honorent encore du nom de Bretons.

On rapporte à l'an 477 la première invasion ; ce fut celle des Jutes, conduits par Hengist et Horsa, et d'un corps de Saxons, commandés par Ella ; ils descendirent sur la côte de Sussex. Puis vinrent, en 495, d'autres Saxons, conduits par Cerdic. Le nom des Saxons s'est conservé dans Sussex (Saxons du Sud), Essex (Saxons de l'Est), Middlesex (Saxons du milieu). Les premiers *Angles*, qui ont eu l'honneur de donner leur nom à l'Angleterre, n'apparaissent qu'en 527.

Les influences exercés par la domination danoise ne purent modifier sensiblement le fond saxon, désormais identifié avec celui même de la grande population historique de l'Angleterre. Quant aux Normands, nous ne pouvons oublier que, tout francisés et romanisés qu'ils fussent au temps de Guillaume le Conquérant, ils ne pouvaient avoir encore entièrement perdu les traces de leur origine scandinave ; et cette circonstance contribua sans doute à leur permettre de se fondre avec les éléments congénères du Jutland et des autres côtes de la Baltique et de la mer du Nord, qui avaient, à diverses dates, afflué sur le vieux *stock* celtique de la Grande-Bretagne. De là l'unité de famille et de nation qui s'est si promptement établie sur le sol britannique, et qui a donné naissance à la plus grande nation colonisatrice et conquérante des temps modernes.

II — Langues et dialectes

L'*irlandais*, qui est parlé de nos jours, est généralement considéré comme la forme la plus pure de la langue celtique, qui paraît avoir été, à une certaine époque, commune à tous les habitants des deux îles. Le plus ancien manuscrit irlandais est une collection de légendes bardiques appelée le *Psautier de Cashel*, qui a été compilée par Cormac Mac Culinan, évêque de Cashel et roi de Munster. On ne le croit pas plus ancien que la dernière partie du IXe siècle, mais plusieurs des compositions contenues dans ce recueil, et dans d'autres analogues, sont supposées beaucoup moins récentes, sauf les altérations considérables qu'elles ont dû subir avant de nous être transmises par l'écriture.

Les Chroniques nationales prétendent fournir une liste des noms des bardes remontant jusqu'au Ier siècle de l'ère chrétienne ; et l'on rapporte au Ve siècle quelques-uns des fragments de leurs chants qui nous sont parvenus

Des restes de l'ancienne littérature irlandaise que nous possédons, les plus importants, toutefois, sont les récits en prose de Tigernach et des autres annalistes, qui paraissent avoir été écrits aux XIe et XIIe siècles, mais sont donnés comme des compilations de documents beaucoup plus anciens.

Le *gaëlique*, ou celtique d'Écosse, est également une langue encore parlée de nos jours. Elle ressemble tellement à l'irlandais, que, jusqu'à ces derniers temps, l'unique littérature imprimée que possédassent les Gaëls d'Écosse se composait d'une Bible et d'autres livres en irlandais. On ne connaît aucun manuscrit gaëlique plus ancien que le XVe siècle, malgré l'antiquité plus considérable des documents préservés. Les célèbres poèmes d'Ossian paraissent avoir été composés d'après des compositions de bardes irlandais qui vécurent au XIe et au XIIe siècle. Les prétendus originaux gaëliques produits par Macpherson ont été imprimés avec une traduction latine littérale par la Société du *Highland* d'Écosse. Outre quelques grammaires et dictionnaires, on a également imprimé en gaëlique des traductions de la Bible, y compris les Psaumes en vers, et de quelques ouvrages anglais, principalement religieux.

Le *manks*, ou langage de l'île de Man, se rapprochait, au nord, du celtique d'Écosse, et au sud, du celtique d'Irlande. La Bible, le livre de prières (*Prayer-Book*) anglais et quelques traités religieux, sont les seuls ouvrages qui aient été publiés en cette langue.

Le *gallois* (*welsh*) est la langue, encore très vivante, du pays de Galles. On possède des restes importants et considérables de son ancienne littérature. Ce sont principalement des poèmes des bardes, des collections de vers appelés *Triades*, des *Bruts* ou Chroniques, et quelques textes de lois primitives. Les quatre plus anciens bardes welches que l'on connaisse sont Aneurin, Taliesin, Llywarch Hen et Merlin ou Merdhin le Calédonien ; on croit qu'ils florissaient au VIe siècle. Les autres restes de compositions des bardes welches que l'on possède ne remontent qu'aux cinq siècles suivants.

Le *cornouaillais* (*cornish*), que l'on parlait encore en Cornouailles dans la première moitié du XVIIIe siècle, dialecte voisin du *gallois*, n'est conservé que dans le *Pater noster* et le *Credo*, et dans un court vocabulaire publié par le docteur Borlase (*Antiquités de Cornouailles*). On ne sait rien de plus d'une littérature cornouaillaise, si elle a jamais existé.

Voilà pour les origines bretonnes ; passons aux couches germaniques.

Le *norse*, ou *norrois*, est le nom qu'on donne à la langue qui était parlée dans les îles Orkney, au nord-est de l'Écosse, et qui paraît n'y être pas absolument éteinte. On ne possède, en ce dialecte gothique, d'autre document qu'une traduction du *Pater noster*.

L'*anglo-saxon*, parlé autrefois dans toute l'île, à l'exception de la côte occidentale, a été conservé dans un grand nombre de textes dont quelques-uns remontent jusqu'à la seconde partie du VIIe siècle, et dont au moins les plus récents nous sont parvenus dans un état remarquable de sincérité. Cette domination de l'anglo-saxon court sur une période commençant à l'établissement des Angles et des Saxons, au VIe siècle, et s'étendant jusqu'à l'invasion normande, au XIIe; car on s'accorde généralement à écarter l'opinion qui fait importer une langue analogue au sud de la Grande-Bretagne par des colons belges avant l'arrivée de César.

L'anglo-saxon était parvenu à un état remarquable de précision grammaticale et de pureté littéraire, lorsque le cataclysme de la conquête jeta le langage de la Grande-Bretagne dans un effroyable chaos, d'où la langue anglaise que nous connaissons mit trois siècles à sortir dans sa forme homogène; si toutefois l'on peut admettre comme homogène cette bizarre mixture de français et d'allemand.

Les Anglais témoignent quelque honte à rappeler ce demi-abandon de leur langue nationale, si tant est que l'anglo-saxon fût une langue nationale pour un peuple qui se glorifie encore du nom de Bretons. Ils éprouvent aussi quelque peine à expliquer comment cette révolution a pu se produire. Les renseignements font défaut. On sait très bien que l'usage de l'ancienne langue continua de dominer dans le peuple jusqu'à la fin du XIVe siècle, et que l'anglais actuel fut parfaitement fixé au XVIe. Mais il est assez malaisé de se rendre compte des causes qui obligèrent les populations à renoncer à leurs habitudes de langage et à leur génie grammatical, et surtout à opérer un almagame de deux langues si différentes, et pour ainsi dire inconciliables, au lieu de conserver l'une ou d'adopter l'autre : ce qui est, en effet, un phénomène linguistique à peu près unique dans l'histoire.

On en donne une interprétation insuffisante, en disant que la combinaison des deux langues ne fut pas le fait du peuple anglais, mais de ses vainqueurs, lesquels pour se faire comprendre de leurs nouveaux sujets, auraient essayé de parler la langue locale, mais y auraient, malgré eux, introduit leur propre grammaire. Car il reste, dans ce système, à expliquer pourquoi la masse du peuple, n'ayant fait au début et sous la pression violente de la domination étrangère, aucun effort pour abandonner son langage national, aurait ensuite, lorsqu'elle n'y était sollicitée par aucun événement nouveau, fait bénévolement cet abandon pour adopter le magma hybride et chaotique que les envahisseurs avaient dû combiner pour leur usage. Plus on rapproche historiquement la solution du problème, plus on la rend incertaine et malaisée.

On n'a peut-être pas assez tenu compte des influences latines ou française antérieures à la conquête normande. La langue romane, parlée déjà depuis des siècles, sous des formes plus ou moins vulgaires, dans tout l'Occident, ne pouvait pas être demeuré étrangère au sud de la Grande-

Bretagne. Si le prince normand put s'établir dans l'île, c'est qu'il y était appelé par un parti. Dès longtemps avant l'invasion, des rapports existaient entre les chefs des deux contrées, et rien ne nous indique qu'ils parlassent une langue différente. S'ils parlaient une langue commune, cette langue, certainement, au XIe et au XIIe siècle, n'était pas le latin : c'était le français.

Au reste, rien n'est moins clair que l'origine des langues romanes et de celles des populations de la Gaule. Les rapports des premières avec le latin sont indéniables, mais les grammaires sont différentes, et il ne semble pas que le latin savant que nous connaissons ait jamais été une langue populaire. Il devient de plus en plus probable que le nord de l'Italie et la plus grande partie de la Gaule parlaient, longtemps avant la conquête romaine, des dialectes sommairement congénères du latin, mais ne dérivant pas du latin. Les Gaulois dont on retrouve les traces sur tant d'autres points qu'en Gaule, — en Ombrie, en Galatie, en Valachie et ailleurs, — n'auraient rien de celtique, et il ne serait pas impossible que leur langue, origine directe de la langue d'oïl, eût traversé le détroit bien avant l'arrivée des Saxons et des Angles.

Mais, tandis que les invasions germaniques en Gaule ne parvinrent pas à modifier le fond de la langue, et que même en Normandie les tribus scandinaves durent oublier leur propre langue pour adopter celle de leur nouvelle patrie, les Anglo-Saxons, se trouvant sans doute en présence d'éléments moins résistants et moins homogènes, substituèrent, partout où ils s'établirent, leur idiome à ceux des anciens habitants, en faisant peut-être dès lors à celui de la Bretagne gauloise ou romanisée une part qu'il n'a pas été jusqu'à présent possible de déterminer.

Maintenant, jusqu'à quel point cette langue fut-elle modifiée par le fait de l'invasion normande et de ses suites? Il semble au premier abord, qu'elle l'ait été d'une manière absolue. Dès qu'on jette les yeux sur un texte anglais moderne, on se trouve en face d'une foule de mots français et de constructions françaises; et pour peu que l'on songe à la complexité de la construction allemande, on se dit aussitôt que l'anglais n'est autre chose que du français archaïque où se sont introduites frauduleusement des racines saxonnes.

Mais c'est là, si l'on y prête une réflexion plus attentive, une très fausse conclusion et un mauvais point de vue. La vérité est qu'au contraire l'anglais est de l'anglo-saxon où se sont introduits des mots français, qui ne sont même jamais parvenus à faire entièrement corps avec lui.

En voulez-vous une preuve ? Prenez la langue populaire. Il ne faut jamais confondre la langue savante et la populaire. C'est la langue populaire qui est la vraie langue. C'est à la langue populaire, non à la langue savante, qu'il faut demander le génie de la langue, la clef de la grammaire, le secret des origines.

La langue d'un cockney de Londres se compose d'un nombre infinitésimal de mots. Combien de ces mots sont d'origine française ou latine ? Pas un peut-être. Il y a un divorce profond entre la langue du bas peuple et celle des personnes instruites. Un homme du commun qui ne saurait pas lire et n'aurait jamais parlé qu'à des gens de sa classe, et un lettré qui ne connaîtrait rien des classes populaires, auraient probablement grand'peine à se comprendre. Pour l'illetré, — et je suis bien loin de désigner ainsi la classe ouvrière, qui possède généralement une forte somme d'instruction, — la langue littéraire, la langue qui s'écrit, la langue qui s'enseigne dans les écoles, conserve toujours, lors même qu'il la comprend vaguement, un caractère exotique. Une fille avec qui je causais depuis un quart d'heure et qui m'entendait et me répondait, me demanda naïvement pourquoi je ne parlais pas *anglais*.

Mais il y a plus : les Anglais entre eux, dans la conversation familière, particulièrement les jeunes gens des écoles et des hautes classes, parlent *anglais*, c'est-à-dire argot, une langue où il s'introduit beaucoup d'allusions françaises et de mots français modernes, mais dont le fond est purement saxon.

La conquête a introduit certainement tout un bagage d'expressions qui lui étaient propres, termes et formules d'administration et de droit civil et politique, dont quelques-uns se sont conservés jusqu'à nos jours, sans aucune assimilation à la grammaire anglaise, dans l'usage des cours de justice et du Parlement.

Il y a ensuite l'apport de l'Église, fait directement du latin, et qui eût été fait sans la conquête.

Il y a enfin tout le travail savant de la civilisation et des idées nouvelles. Les idées ont leur outillage comme l'industrie, tout le bagage rhétorique et scientifique du discours moderne était inconnu aux compagnons de Guillaume de Normandie. Il s'est introduit simultanément dans la phrase anglaise et dans la phrase française, et les Anglais ont très probablement raison quand ils prétendent ne pas le tenir de nous, mais l'avoir comme nous emprunté, selons leurs besoins, au grec et au latin.

Voilà pour le dictionnaire. En y regardant de près, en laissant tout ce qui est moderne, scientifique, technique, religieux, en retraçant jusqu'aux origines le filon populaire, on arrive à s'apercevoir que l'élément français se réduit à peu de chose, et ce peu de chose est spécial.

Mais la grammaire? Mais la construction? Mais la syntaxe? C'est là que triomphe le parti des origines françaises. La phrase anglaise se traduit en français presque mot pour mot : essayez de la transcrire mot pour mot en allemand. Or la grammaire importe plus encore que le dictionnaire. Un peuple adopte aisément des mots étrangers ; mais il est fidèle à sa déclinaison, à sa conjugaison, à son habitude de classement des mots...

Eh ! c'est justement ce qui prouve que les Anglo-Saxons n'ont pas pu renoncer à leur grammaire pour prendre la nôtre.

Et d'abord, leur déclinaison est-elle française ? Non. *My father's garden*, le jardin de mon père : cette tournure n'est pas française, ce génitif n'est pas français.

Le futur par les auxiliaires *will* et *shall*, le subjonctif et l'optatif par les auxiliaires *may*, *might*, *would*, *should*: toute cette conjugaison est germanique, non française.

Il reste ce terrible argument : l'ordre général des mots dans la proposition, la fameuse construction allemande... Mais la réponse à cet argument est bien simple : c'est que l'allemand fait, à cet égard, exception parmi les langues germaniques, et que la construction anglaise diffère peu de celle du danois et du suédois, ainsi que celle du *norse* ou *norrois*, ce dialecte purement gothique qui s'est conservé dans les îles Orkney. Elle reste germanique, sans être allemande.

L'immense différence entre l'anglais et l'allemand, et une différence qui ira s'élargissant de plus en plus, vient de ce que le travail d'appropriation du fonds primitif aux idées complexes de la civlisation moderne, s'est fait en latin chez les Anglais, en allemand chez les Allemands; le génie anglais s'éloigne de plus en plus de son origine, tandis que le génie allemand pénètre de plus en plus avant dans son essence.

Au contraire, le français et l'anglais, marchant dans la même direction et côte à côte, nourris des mêmes éléments appropriés aux mêmes idées, tendent à s'identifier chaque jour davantage malgré le stock de radicaux et les paradigmes qui les séparent.

De là l'illusion qui s'est produite.

Schiller, dans sa poésie, écrivait quelquefois français en allemand. Et cela par une raison simple : il fait français, quand il fait grec. De même beaucoup de modernes, et des plus éminents, séduits par la clarté, la netteté, la précision philosophique de notre esprit, écrivent français en anglais. Déjà, au siècle dernier l'école de la reine Anne, par une tendance toute différente, et sous l'influence du beau style français du XVIIe siècle avait répudié les petits mots saxons, la langue de Shakspeare, pour mettre en honneur les terminaisons latines à falbala. De même, les pédants de la Renaissance, ces *latiniseurs* et *grécaniseurs* combattus par Ronsard, s'étaient efforcés d'empâter et d'embaver notre bonne langue, vive et nerveuse, du XVe siècle : ces gens-là gâtent tout.

Mais les vrais écrivains anglais, ou du moins les vrais

Anglais qui, en écrivant, n'oublient pas leur caractère, et qui savent le prix de l'originalité pour un génie comme pour une langue, affectent au contraire de retremper leur style et leurs pensées dans les eaux les plus britanniques, j'entends les plus saxonnes, peut-être même les plus germaniques. Si l'on croit que la traduction en français d'un bon texte anglais n'est qu'affaire de transcription les mots changés, c'est que l'on ne s'est point essayé à cette besogne. Rien n'est plus ardu. Prenez, par exemple, une des bonnes pages du *Saturday Review*, et mettez-la, sans rien perdre de la saveur du texte, en français pur : vous pourrez parler ensuite de la facilité de traduire de l'anglais en français.

Pour le style commun, l'anglais s'adapte plus aisément que le français : il est plus malléable et moins précis. Les Anglais nous traduisent à livre ouvert avec une étonnante facilité. Souvent le sens leur échappe; mais dès qu'ils le possèdent l'expression anglaise leur vient le plus complaisamment du monde. De l'anglais au français, la transition est tout autre : c'est peu d'avoir compris, le tout est de trouver l'expression juste ; et généralement l'on s'aperçoit que l'expression juste n'existe pas, parce que l'idée à exprimer n'est pas juste. Je disais à mes élèves anglais : — L'étude du français est pour vous une affaire de logique : laissez là vos syllabes anglaises, dont je n'ai que faire ; pensez en français ; ne traduisez pas : pensez et exprimez.

Toute idée anglaise doit être pensée à nouveau avant de s'incarner dans notre langue.

FIN

TABLE DES CHAPITRES

		Pages
CHAPITRE I.	— Coup d'œil général	5
— II.	— Londres	9
— III.	— Le Caractère anglais	40
— IV.	— La Famille	56
— V.	— L'Éducation religieuse	75
— VI.	— L'Éducation nationale	112
— VII.	— L'Anglais et la Loi	175
— VIII.	— Les Corporations. — L'Aristocratie territoriale	186
APPENDICE		207

CHATEAUROUX. — TYP. ET STÉR... ...JESTÉ.

www.ingramcontent.com/pod-product-compliance
Ingram Content Group UK Ltd.
Pitfield, Milton Keynes, MK11 3LW, UK
UKHW021056230726
13926UKWH00004B/1882